DAS GROSSE GRUNDSCHULTRICKS BUCH

Sorgenfrei durch die Grundschulzeit

Von Lehrern entwickelt
und leicht im Alltag umsetzbar

ANIKA LANGENBECK

ISBN: 978-3-00-071722-2
Auflage 1

Cover-/Umschlaggestaltung: Buchgewand Coverdesign | www.buch-gewand.de
unter Verwendung von Motiven von stock.adobe.com: ©ayelet_keshet, ©OrlyDesign und depositphotos.com: © Sudowoodo
Buchsatz: UPgrade Design by Kathrin Lembcke | www.upgrade.cologne

Haftungsausschluss

Die Wiedergabe von Gebrauchsnamen, Handelsnamen, Warenbezeichnungen usw. in diesem Werk berechtigt auch ohne besondere Kennzeichnung nicht zu der Annahme, dass solche Namen im Sinne der Warenzeichen- und Markenschutz-Gesetzgebung als frei zu betrachten wären und daher von jedermann benutzt werden dürfen. Trotz sorgfältigem Lektorat können sich Fehler einschleichen. Autor und Verlag sind deshalb dankbar für diesbezügliche Hinweise. Jegliche Haftung ist ausgeschlossen, alle Rechte bleiben vorbehalten.

Externe Links

Der Autor übernimmt keinerlei Gewähr für die Aktualität, Korrektheit, Vollständigkeit oder Qualität der bereitgestellten Informationen. Alle Inhalte dieses Buches wurden sorgfältig und besten Gewissens zusammengetragen. Sie spiegeln die persönliche Meinung und Erfahrung des Autors wider. Der Autor übernimmt daher keine juristische Verantwortung oder Haftung für Schäden, die durch eventuelle Fehler oder fehlerhafte Anwendung entstehen und erhebt keinen Anspruch auf juristische Korrektheit, sowie inhaltliche Vollständigkeit. Die Umsetzung erfolgt ausdrücklich auf eigenes Risiko. Es gibt keine Garantie dafür, dass alles genau so, bei jedem Leser, zu genau den gleichen Ergebnissen führt.

Inhalt

VORWORT:	**Liebe Mutter, lieber Vater!**	7
KAPITEL 1:	**Wie ihr in der Familie erfolgreich lernt**	**9**
	Co-Learning: Kooperatives und kollaboratives Lernen	10
	Spielerischer Zugang zum Lernen	17
KAPITEL 2:	**Frühkindliches Lernen – Meilensteine in der Entwicklung**	**21**
	Bewegung	24
	Sprache	29
	Kognition	32
	Emotionen	36
KAPITEL 3:	**Lernstile – vier individuelle Wege der Wissensaneignung**	**41**
	Selbsttest: Wie lernt mein Kind am besten!	43
	K: Der kreative Lerner	48
	S: Der soziale Lerner	50
	A: Der abstrakte Lerner	52
	O: Der ordentliche Lerner	54

KAPITEL 4: **Lernmotivation – Wie du dein Kind zum Lernen bewegst** **57**

Erfolgsversprechende Strategien zur Aufrechterhaltung der Lernmotivation 58

Das kindliche Interesse und seine Bedeutung für das Lernen 60

Motivationskiller: Wie du diese vermeiden kannst 62

Von der extrinsischen zur intrinsischen Motivation 64

Wie man sein Kind richtig lobt und belohnt 65

Kontrolle abgeben und Eigeninitiative fördern 69

KAPITEL 5: **Wie dein Kind konzentriert lernt** **71**

Rahmenbedingungen für das konzentrierte Lernen schaffen 72

Konzentration mit Lernpausen steigern 76

Die richtige Ernährung fürs Gehirn 79

Fünf Konzentrationsübungen 82

KAPITEL 6: **Die richtige Lernumgebung für dein Kind** **83**

Die Wahl der richtigen Möbel 84

Die Schultasche 85

Der Arbeitsplatz 86

KAPITEL 7: **Hausaufgaben – muss das sein?** **93**

Nützliche Rahmenbedingungen für die Hausaufgabenzeit schaffen 95

Wie du dein Kind bei den Hausaufgaben unterstützen kannst 97

KAPITEL 8: **Wie du Klassenarbeiten organisierst und locker bleibst** **103**

Vor der Klassenarbeit 104

Am Tag der Klassenarbeit 108

Nach der Klassenarbeit 111

KAPITEL 9: **Wie du Schulstress verringerst und dein Kind entlastest** **115**

Deine Rolle als Elternteil 117

Aktivitäten und Hilfsangebote zum Abbau und Umgang mit Schulstress 121

Selbsttest: Wie gestresst ist mein Kind? 125

KAPITEL 10: **Wie du Lernschwierigkeiten erkennst und Ausgleich schaffst** **129**

Lernstörung und Lernbehinderung 130

Legasthenie 134

Dyslexie 136

Rechtschreibstörung 138

Dyskalkulie 139

AD(H)S 141

KAPITEL 11: **Die besten Lernstrategien** **145**

Wiederholungsstrategien 146

Organisationsstrategien 149

Elaborationsstrategien 152

Metakognitive Lernstrategien 154

KAPITEL 12: **Lehrpläne und passende Lernspiele für Mathe, Deutsch und Englisch 157**

Deutsch (1. bis 2. Klasse) 158

Mathematik (1. bis 2. Klasse) 166

Deutsch (3. bis 4. Klasse) 174

Mathematik (3. bis 4. Klasse) 181

Englisch (3. bis 4.Klasse) 189

ANHANG

Liste mit allen Lerntipps 203

Liste mit allen Lernspielen 212

Literaturangaben 215

Impressum 219

Liebe Mutter, lieber Vater!

Du hast dir dieses Buch gekauft. Möglicherweise ist der Grund die bevorstehende Einschulung deines Kindes, die Begleitung in schwierigen Lernsituationen und die Angst, auf diesem Weg Fehler zu machen. Vielleicht verliert dein Kind aber auch gerade immer mehr die Motivation und seine Leistungen verschlechtern sich. Oder es hat Probleme sich zu konzentrieren und fühlt sich mit den Schulaufgaben generell überfordert.

Über die Unsicherheiten im Lern- und Entwicklungsprozess unserer Grundschulkinder wurde schon viel verfasst. Aber etwas fehlte bisher: Eine komplette und allumfassende Handreichung für Eltern – eine allgemein verständliche Anleitung, die sowohl für Mütter und Väter als auch für Schulkinder hilfreich und stärkend ist.

Du bist auf der Suche nach geeigneten Ideen, wie dein Kind am besten lernt, wünschst dir Anregungen zur Gestaltung des Arbeitsplatzes deines Kindes, möchtest wissen, welchen Lernstil dein Kind besitzt oder bist unsicher, welche Fördermöglichkeiten für euch infrage kommen? In diesem Buch findest du alle wichtigen Themen vereint, aufeinander abgestimmt und zur schnellen Orientierung in entsprechende Kapitel unterteilt. Keiner kennt dein Kind und die familiäre Situation so gut wie du. Verstehe dieses Buch als Fahrplan, in dem dein Wissen, deine Kompetenz und deine Ideen einfließen. Das Buch ist genau so konstruiert, dass es nichts vorgibt, sondern dich als Mutter und Vater mitnimmt. Hausaufgaben, Klassenarbeiten, Konzentrations- und Motivationsschwierigkeiten: Nur du weißt um den Spagat, um die Stolpersteine und um die oft unnötigen Hürden – ursächlich für Frust und Stress in der Schule und zu Hause.

Pisa-Ergebnisse lassen darauf schließen, dass in der Vergangenheit manches aus dem »Ruder« gelaufen ist.

Deswegen solltest du das Steuer in die Hand nehmen! Nein, du musst sogar. Nimm dieses Buch und betrachte es als eine Art »Kompass« auf dem Weg zu mehr Motivation und Spaß für dein Kind während der Grundschulzeit. Inspiriert entwickelst du eigene Maßnahmen. Doch wie erfolgt die Umsetzung? Über wohlwollende, liebevolle und familienatmosphärische Strukturen lässt sich jede Menge bewirken. Erfahre, wie du auf Augenhöhe mit deinem Kind kommunizierst und das Zuhause so gestaltest, dass es zu einem Wohlfühl-Lernort wird. Spiel, Spaß und Zusammenhalt bilden den Kern für erfolgreiches Lernen. Dich erwartet keine wissenschaftliche Abhandlung, vielmehr eine leicht verständliche Darstellung von Lernstrukturen und Lerntechniken, beruhend auf psychologischen Studien, Ergebnissen und Umfragen. Kinder brauchen Raum und Zeit für ihre eigene Ideen. Deine Aufgabe ist es, diesen Raum bereitzustellen. Fülle ihn mit den 60 spannenden Lernspielen, die in diesem Buch verankert sind, und picke dir aus 180 ausführlichen und praxisorientierten Tipps den passenden Hinweis für deine spezielle Situation heraus.

KAPITEL 1

Wie ihr in der Familie erfolgreich lernt

Dass du deinem Kind beim Lernen zur Seite stehen möchtest, ist vorbildlich! Im Idealfall kommt ihr als Team zu kreativeren und umfangreicheren Ergebnissen, ihr fällt Entscheidungen gemeinsam und profitiert gegenseitig vom jeweiligen Wissen und den Fähigkeiten des anderen. Komplexe Aufgaben teilt ihr untereinander auf, wodurch sich der Arbeitsaufwand verringert. Eine einzelne Person müsste theoretisch viel mehr Aufwand betreiben, um zu dem gleichen Ergebnis zu kommen. Das gemeinsame Lernen kann jedoch schnell zum Desaster werden, wenn einige grundsätzliche Punkte nicht beachtet werden.

Co-Learning: Kooperatives und kollaboratives Lernen

Wenn Personen zusammenarbeiten und Aufgaben untereinander aufteilen, dann spricht man in der Pädagogik vom kooperativen und kollaborativen Lernen – auf Englisch *Co-Learning*. Beim kooperativen Lernen steht das gemeinsame Ergebnis im Vordergrund, während beim kollaborativen Lernen am wichtigsten ist, dass auf dem Weg zum Ergebnis gemeinsame Entscheidungen getroffen wurden.

In Kindergärten, Schulen und Universitäten begegnet man Co-Learning in Form von Gruppen- und Partnerarbeit. Nicht jedes Kind und jeder Erwachsene ist ein Fan dieser Arbeitsform, obwohl die Vorteile doch auf der Hand liegen. Was kann also schief gehen?

In erster Linie kommt es darauf an, das Wissen und die Stärken seiner Teampartner zu erkennen und ihnen Raum zu geben. Außerdem sollte beachtet werden, dass Menschen auf ganz verschiedenen Wegen zum Ziel kommen können; verschiedene Perspektiven müssen respektiert und gegebenenfalls Kompromisse gefunden werden. Die folgenden zehn Tipps solltest du deshalb unbedingt beachten, wenn du mit deinem Kind lernst!

1. Macht euer Zuhause nicht zur erweiterten Schule

Zuallererst solltest du dir klarmachen, dass Lernen in der Familie völlig anders ablaufen kann, darf und sollte, als du und dein Kind es von der Schule kennen. In der Familie dürfen ganz andere Regeln gelten als in der Schule und das ist auch gut so. Du sollst die Arbeit von Lehrern, Erziehern und Sozialpädagogen also nicht ersetzen, du hast aber als Elternteil einiges zu ergänzen. Durch *Co-Learning* in der Familie erleichterst du Kindergärtnern und Lehrern die Arbeit, weil du Grundlagen zum Lernen schaffst. Vor allem erleichterst du deinem Kind den Einstieg in den Schulalltag und ersparst dir selbst jede Menge Stress.

2. Begebt euch auf Augenhöhe

Im Normalfall wird mit den Schulkindern nicht ausgehandelt, was, wo und wann sie gerne lernen möchten. Es wird einfach davon ausgegangen, dass für alle Kinder die gleichen Inhalte, der gleiche Ort und die gleiche Uhrzeit richtig sind.

Kinder machen das nur mit, weil in ihnen das Bedürfnis nach Zugehörigkeit und Verbundenheit besteht. Der Neurologe Gerald Hüther geht davon aus, dass jeder Mensch dieses Grundbedürfnis seit seiner Geburt in sich hat. Es gibt jedoch noch ein zweites Bedürfnis: Das Bedürfnis nach Freiheit und Selbstbestimmung[1].

---

1 vgl. Hüther 2021

Wenn eines dieser Bedürfnisse in der Schule nicht ausreichend ausgelebt werden kann, dann entsteht Frust; Kinder rebellieren und Erwachsene sind gestresst. Du möchtest auf keinen Fall, dass dieser Teufelskreis in eurer Familie Einzug erhält und eure Lernerfahrung verdirbt. Deshalb basiert euer gemeinsames Lernen immer auf den Grundbedürfnissen von Verbundenheit und Selbstbestimmung. Konkret bedeutet das ein gemeinsames Lernen auf Augenhöhe. Ihr übernehmt gemeinsam die Verantwortung für Geschafftes und Verpatztes. Denn auch du hast die Grundbedürfnisse von Verbundenheit und Freiheit in dir. Falls sie dir mit der Zeit abhandengekommen sind, kannst du sie gemeinsam mit deinem Kind wiederentdecken.

3. Sei kein Besserwisser

Wie soll das gehen, dass Eltern und Kinder gemeinsam lernen? Schließlich kannst du doch bereits das kleine Einmaleins und dein Englisch ist auch viel besser als das deines Kindes.

Aufgrund deiner Lebenserfahrung bist du deinem Kind in vielem überlegen, aber es macht überhaupt keinen Spaß, das ständig aufs Brot geschmiert zu bekommen. Die große Herausforderung besteht darin, die Atmosphäre einer Spielwiese zu schaffen, auf der ihr euch gemeinsam austoben könnt. Spielverderber und Besserwisser müssen leider draußen bleiben. Nur auf dieser Grundlage kann *Co-Learning* in der Familie gelingen.

4. Macht euch nichts vor

Wenn du mal keine Lust hast, dich auszuprobieren und herumzuexperimentieren, dann sag das deinem Kind und findet gemeinsam eine Lösung. Vielleicht könnt ihr gewisse Aufgaben auf morgen verschieben, es muss nicht immer alles nach Plan laufen. Begründe auch deine Unlust: Hast du zu viel zu tun? Bauchschmerzen? Einfach nicht dein Tag? Dein Kind wird das verstehen und sich dein Verhalten zum Beispiel nehmen. Wenn du dich allerdings durch die Übungen quälst, nur um einen Plan abzuarbeiten, dann vermittelst du ihm, dass Lernen eine Qual ist. Tu das nicht!

5. Schaffe feste Abläufe

»Heute essen wir um acht und morgen um sechs. Den Schwimmkurs lassen wir heute mal ausfallen und das Vorlesen verschieben wir auf morgen.« Dein Kind kann von Unregelmäßigkeiten ziemlich verwirrt werden. Nicht umsonst gibt es in der Schule Stundenpläne und Morgenrituale.

Feste Abläufe geben deinem Kind Orientierung und ein Gefühl der Sicherheit und Geborgenheit. Wenn sie zu Hause fehlen, kann das gegenseitige Vertrauen darunter leiden. Woher weiß dein Kind, was es als Nächstes zu erwarten hat? Worauf kann es sich freuen? Nicht nur sollten Aktivitäten zu Hause in einem bestimmten Rhythmus oder zu einer bestimmten Uhrzeit erfolgen, auch sollte die Länge der Aktivitäten vorher ausgehandelt werden: Wenn sicher ist, dass die Hausaufgaben täglich vor dem Abendessen erledigt sein müssen und das Tablet danach nicht länger als

20 Minuten benutzt werden darf, dann gibt es auch keinen Grund für Quengeleien.

6. Formuliert Anliegen statt Ziele

To-do-Listen und Lernpläne sind super, deshalb komme ich später ausführlich darauf zurück. Natürlich musst du mit deinem Kind Ziele formulieren, um am Ende des Tages gewisse Aufgaben erledigt zu haben. Die Schulbücher müssen gekauft werden, die Brotbüchse befüllt, die Schreibübung erledigt: Schon klar! Bevor ihr euch aber an einen gemeinsamen Plan macht, solltest ihr ein übergeordnetes Anliegen festlegen. Was wünscht ihr euch vom gemeinsamen Lernen? Dieses Anliegen sollte niemals aus den Augen verloren werden. Erinnert euch gegenseitig daran: »Wir wollten gemeinsam eine gute Zeit haben und jetzt stresst du mich. Das war nicht unser Anliegen.«

7. Klopft euch auf die Schultern

Übersicht ist toll! Das Geplante und Geschaffte wird auf diese Weise sichtbar. Allein diesen Wochenplan zu basteln: Einfach toll! Und was habt ihr nicht alles dabei gelernt? Mama weiß jetzt, dass am Donnerstag ein Vortrag ansteht, vielleicht hat sie auch zum ersten Mal mit Filz gearbeitet und neue Kreativität in sich entdeckt. Und das Kind hat richtig toll die Schere benutzt und wird immer sicherer in seinem Zeitgefühl. Zu guter Letzt habt ihr euch Zeit füreinander genommen und das alles habt ihr gemeinsam geschafft! Macht es nicht Spaß, zusammen etwas zu schaffen und sich dafür auf die Schulter zu klopfen? Ihr seid die perfekten Co-Learner!

8. Nehmt euch nicht zu viel vor

Kennst du das Gefühl, wenn dein Kalender zu voll ist? Zu viele Arzttermine auf die Woche gelegt, zu viele Verabredungen mit Freunden vereinbart und vielleicht auch noch ein paar Überstunden oder Vertretungen übernommen? Jetzt musst du auch noch kochen, danach bei den Hausaufgaben helfen und deine ehemalige Schulfreundin müsstest du auch mal wieder anrufen.

Dieses Müssen ist wie ein gieriges Monster, das sich nicht ins Büro sperren lässt, es verfolgt dich nach Hause, nistet sich in der Küche ein und ist im Moment unterwegs ins Kinderzimmer. Lass es nicht rein! Nimm dir dein Kind an die Hand und vertreibt gemeinsam das böse Monster aus eurer Wohnung.

Es gibt mittlerweile etablierte Begriffe in Wissenschaft und Medien, die um dieses Muss-Monster kreisen. Die Rede ist von Freizeitstress, Burn-out oder *FOMO – »the fear of missing out«*. Die Angst, etwas zu verpassen, ist allgegenwärtig, Überforderung und psychische Erkrankungen sind die Folge.

Genauso wie deinen Wochenkalender solltest du deshalb auch den Kalender deines Kindes nicht zu voll packen. Natürlich braucht es Übung, das richtige Pensum herauszufinden. Wenn es doch mal zu viel war, dann übt Nachsicht: »Das kann schon mal passieren!« Das richtige Zeitmanagement ist ein schwieriger Lernprozess! Vielleicht lernst du durch die feinen Stressantennen deines Kindes auch deine eigenen Grenzen neu kennen und nimmst dir diese Erkenntnis gleich zum Anlass, deinen eigenen Wochenplan zu überarbeiten.

9. Gebt aufeinander Acht

Dein Kind ist versorgt, aber was ist mit dir? Du hast so viel zu erledigen und möchtest auch mal wieder etwas nur für dich unternehmen.

Ebenso wie deinem Kind solltest du dir selbst einen individuellen Wochenplan gönnen. Hängt eure Pläne am besten nebeneinander auf. Das gibt euch das Gefühl, im selben Boot zu sitzen. Jeder in der Familie hat Verpflichtungen, aber auch ein Recht auf Freizeit und Spaß. Wenn der Spaß mal zu kurz kommt, dann macht euch gegenseitig darauf aufmerksam: »Mama, du machst ja diese Woche gar kein Yoga. Ist das nicht wichtig für dich?« Ihr solltet euch auch immer wieder zu den Aktivitäten im Kalender befragen: Was hast du genau beim Yoga gemacht? Hat das Spaß gemacht? War das anstrengend? So lernt ihr aufeinander Acht zu geben.

10. Holt andere mit ins Boot

»Um ein Kind aufzuziehen, braucht es ein ganzes Dorf.« Vielleicht kennst du dieses nigerianische Sprichwort. Es ist enorm wichtig, dass dein Kind auch außerhalb von Schule und Familie mit Gleichaltrigen und anderen Erwachsenen zusammenkommt. Genauso wie deinem Kind liegen auch dir nicht alle Schulfächer. Statt dich zu zwingen, kannst du Aufgaben an andere Bezugspersonen verteilen. Hier spielen nicht nur Geschwister und Großeltern eine Rolle, sondern auch Nachbarn, Stadtteilzentren, Jugendklubs, Bibliotheken und Museen. Erkundige dich nach Angeboten in deiner Umgebung!

Spielerischer Zugang zum Lernen

Nachdem die Voraussetzungen des gemeinsamen Lernens geklärt sind, fragst du dich vielleicht, auf welchem Weg ihr euch am besten Wissen aneignen könnt: Bücher lesen und Vorträgen lauschen? Wohl eher nicht! Grundschulkinder lernen nicht über Erklärungen und Belehrungen, sondern mittels des Spielens. Deshalb haben sie sogar ein Recht auf Spielen. In der UN-Kinderrechtskonvention von 1989 ist es folgendermaßen festgelegt:

> *»Die Vertragsstaaten erkennen das Recht des Kindes auf Ruhe und Freizeit an, auf Spiel und altersgemäße aktive Erholung sowie auf freie Teilnahme am kulturellen und künstlerischen Leben.«*

»Kein Problem«, sagst du jetzt: Bei dir zu Hause stapeln sich schließlich Brett- und Kartenspiele. Dabei ist Spielen noch viel mehr als das: Man kann Fußball spielen, mit dem Essen spielen, mit jemandes Gefühlen spielen oder einander gegeneinander ausspielen. Egal, welchen Alters und welcher Zugehörigkeit: Rund um die Uhr sind wir von Spielen umgeben. Spielen ist so universell wie eine Sprache, die alle sprechen. Die folgenden fünf Tipps geben dir einen ersten Eindruck, wie du mit deinem Kind spielerisch lernen kannst.

11. Macht aus lästigen Aufgaben ein Spiel

»Ach«, stöhnt Tonis Mama. »Mein Kleiner kann einfach nicht verlieren.« Macht nichts! Spielen hat ursprünglich überhaupt nichts mit gewinnen und verlieren zu tun.

Laut Duden ist es nämlich eine »Tätigkeit, die ohne bewussten Zweck zum Vergnügen, zur Entspannung, aus Freude an ihr selbst und an ihrem Resultat ausgeübt wird«.

Wie wäre es also mal, ganz im Sinne der ursprünglichen Wortbedeutung zur Entspannung und Freude mit lästigen Verpflichtungen im Haushalt rumzuspielen?

Ihr könntet zum Beispiel ausprobieren, wer in einer Minute die meisten Wäschestücke aufhängen, zusammenlegen oder einsortieren kann. Aber vorsichtig: Nicht zu unordentlich, sonst gibt es Minuspunkte! Vielleicht kann Papa ja den Schiedsrichter spielen.

12. Führt Alltags-Experimente durch

Auch wenn in den ersten Schulklassen noch viel gespielt wird, ist das vermittelte Wissen für dein Kind möglicherweise viel zu abstrakt. Alltags-Experimente können ihm helfen, Gelerntes im wahrsten Sinne des Wortes zu be-greifen.

Wie erzeugt man Strom mit einer Zitrone, Nägeln und Draht? Warum kann man Münzen mit Salz und Essig blank waschen?

Während ihr diese und ähnliche Fragen in Experimenten gemeinsam erforscht, merkt dein Kind vermutlich gar nicht, dass es in dem Moment sehr viel lernt, sondern hat einfach jede Menge Spaß.

13. Erfindet gemeinsam neue Spielregeln

Einige Spiele und Übungen sind nach einer Weile langweilig, andere sind einfach nicht euer Ding. Ihr seid eben ein einzigartiges Team und braucht deshalb eure eigenen Spielregeln. Kreativität kommt aber nicht aus dem nichts! Deshalb solltet ihr konkrete Lernspiele – egal, ob Brett- oder Bewegungsspiele – immer als Inspiration verstehen.

Neues auszuprobieren ist erlaubt! Je älter dein Kind wird, desto weniger wird dafür in der Schule der Raum sein. Wenn es sich zu Hause genug ausgelebt hat, dann geht es ausgeglichener in den Schulalltag.

14. Spielt altersgerecht

Okay, du hast es kapiert: Spielen ist universell, jeder kennt es, jeder kann es und jedem macht es Spaß. Warum weigert sich dein Kind dann, mit dir zu spielen?

Wenn dein Kind eine sogenannte Spielblockade entwickelt, dann sind die angebotenen Spiele eventuell nicht altersgerecht. Die meisten Kleinkinder haben zum Beispiel keine Freude an Poker und viele Erwachsene fühlen sich komisch, wenn sie im Kreis tanzen und singen sollen. Informiere dich deshalb über die Entwicklungsphasen deines Kindes, um es in jedem Alter angemessen zu fördern.

15. Wählt Spiele, bei denen du auch etwas lernst

Auf einigen Gebieten bringen Grundschulkinder erstaunliche Fähigkeiten mit sich, von denen Erwachsene sich ruhig eine Scheibe abschneiden können: Während du in Wissensspielen womöglich meistens die Nase vorn haben wirst, wird dein Kind womöglich in motorischen Spielen seine Erfolge feiern.

Kinder ab acht Jahren bringen eine erstaunliche Ruhe mit sich, wenn es darum geht, Bauklötze unter Zeitdruck übereinanderzustapeln. Die bescheidenen Bauwerke von Erwachsenen fallen viel häufiger zittrigen Händen zum Opfer. Das führt bei Kindern zu Lachern und schürt deren Selbstbewusstsein. Wachse bei der Spielauswahl also ruhig mal über dich hinaus und lass dein Kind profitieren.

KAPITEL 2

Frühkindliches Lernen – Meilensteine in der Entwicklung

Lernen beginnt nicht erst in der Schule! Womöglich ist dir gar nicht aufgefallen, dass du schon seit der Geburt mit deinem Kind gelernt hast: Die frühkindliche Entwicklung in den Bereichen Bewegung, Sprache, Kognition und Emotion beginnt teilweise bereits im Mutterbauch. Die ersten Lernprozesse laufen reflexartig, instinktiv und meist völlig unbemerkt ab. Später werden sie immer komplexer.

Die folgenden drei Tipps beziehen sich auf das frühkindliche Lernen im Allgemeinen. Im Anschluss erhältst du jeweils spezifische Tipps in den vier Entwicklungsbereichen Bewegung, Sprache, Kognition und Emotion.

16. Lernt mit allen Sinnen

Ein etwas zweijähriges Mädchen sieht einen Hund und zeigt mit dem Finger auf ihn. Seine Mama sagt: »Hund«. Das Mädchen hört das Wort und spricht es nach: »Hund?« Seine Mama lächelt. Als das Kind auf den Hund zu rennt, um ihn anzufassen, (denn es weiß instinktiv, dass es Dinge auch berühren muss, um sie zu begreifen), hält seine Mama es durch eine Armbewegung, begleitet durch ängstliche Rufe zurück. »Aha«, weiß das Mädchen nun: »Bei diesen flauschigen Dingern muss ich vorsichtig sein.«

Was viele Erwachsene bereits vergessen haben, wissen Kinder ganz genau: Lernen geht am besten, wenn möglichst viele Sinne daran beteiligt sind. Ohne schreiben und lesen zu können, ist ein Kleinkind hörend, tastend und beobachtend fähig, rasant seinen Wortschatz zu erweitern.

Dir ist das multisensuale Lernen bestimmt schon einmal unter dem Begriff »ganzheitliches Lernen« im Kontext von Montessori- und Waldorfschulen begegnet. In der Psychologie findet man diesen Ansatz seit den Nullerjahren unter dem Schlagwort: »multisensorische Lerntheorie[2]«.

---

2 vgl. Rösch, 2015

17. Lass dein Kind frühzeitig die Welt erkunden

Der einjährige Elias liebt es, durch Pfützen zu waten. Er schmeißt sich regelrecht in den Dreck und juchzt dabei vor Freude. Seine Mutter ist davon gestresst: Sie muss am Ende alles sauber machen. Außerdem hat sie einen Termin. Wann ist er denn endlich fertig mit der Sauerei?

Eltern nehmen kindliche Erkundungstouren wie diese oft persönlich, weil sie nicht sehen, was ihr Kind in diesen Momenten alles lernt: Wie kommt das Wasser in die Pfütze? Wie wird aus Erde Matsch? Wie klingt das, wenn ich rein springe? Welche Temperatur hat das Wasser? Schaff ich es, über die Pfütze zu springen? Sind Pfützen eine gute Sache oder ärgern sich Leute darüber? Und warum?

Grundsteine zur Physik, Biologie und Philosophie werden jetzt schon gelegt. Selbst wenn dein Kind seine Fragen in diesem Alter noch nicht artikulieren kann, findet es jetzt schon seine ganz persönlichen kreativen Antworten auf sie. Du solltest deinem Kind deshalb möglichst früh die Möglichkeit geben, auf Forschungsreise zu gehen, auch wenn sich dir der Sinn nicht immer ergibt.

18. Aktiviert eure Synapsen

Was passiert während des Lernens im Gehirn? Neugeborene verfügen zwar bereits über genauso viele Nervenzellen wie Erwachsene – 100 Milliarden –, diese sind jedoch nur sehr rudimentär verknüpft: Lediglich Herzschlag, Atmung und einfache Bewegungen kann ein Baby bei der Geburt ausführen. Nachdem es auf der Welt ist, schreitet seine Entwicklung in Elefanten-Schritten voran: Millionen neue Eindrücke prasseln auf es ein und mit jedem von ihnen entstehen im Gehirn neue Verbindungen zwischen den Nervenzellen; Synapsen genannt. Diese Synapsen müssen durch möglichst viele Reize aktiviert werden, um dauerhaft zu bestehen. Für diese Aktivierung stehen in den Bereichen Bewegung, Sprache und Kognition und Emotion jeweils verschiedene Zeitfenster zur Verfügung; «sensible Phasen« genannt.

Im folgenden Abschnitt werden die vier Lernbereiche näher unter die Lupe genommen und du erfährst, wie und in welchem Zeitfenster du die Synapsen deines Kindes am besten aktivierst.

Bewegung

Schon ab der siebten Schwangerschaftswoche entwickelt sich die Bewegung deines Kindes, rund drei Monate später wird sie für viele Mütter sogar spürbar. Ein Treten im Bauch ist bereits die erste Kontaktaufnahme zur Mutter. Schließlich muss auch Kommunikation gelernt sein. In den nächsten vier Jahren lernt dein Kind rasend schnell zu greifen, krabbeln, sitzen und laufen. Ab dem fünften Lebensjahr schreitet die motorische Entwicklung langsamer voran: Es werden weniger neue Bewegungsmuster erlernt und es wird mit jedem Lebensjahr schwerer, Entwicklungsverzögerungen aufzuholen. Deshalb ist es wichtig, die Motorik rechtzeitig zu fördern.

19. Berührt euch

Kannst du dich noch an die Phase erinnern, als dein Kind alles anfassen musste? Bestimmt hat es zur Begrüßung einer neuen Person erst mal ins Gesicht gefasst oder in die Haare. Vielleicht hat es auch beim Einkaufen nach bestimmten Produkten gegriffen oder gar mit seinem Kot gespielt. Wie lästig! Dabei begreifen nicht nur Kinder, sondern auch Erwachsene die Welt viel besser, wenn sie sie anfassen.

Der Tastsinn entwickelt sich von allen Sinnen am frühesten und ist auch immer aktiv: Du kannst Augen und Mund schließen und dir Ohren und Nase zuhalten, aber das Fühlen lässt sich nicht abschalten. Du spürst die Kleidung auf deiner Haut und den Boden unter deinen Füßen.

Durch Berührung treten schon Babys in Kontakt mit der Welt. Wenn du es sanft streichelst, entwickelt es Körpergefühl. Es lernt, wo die Welt anfängt und wo es selbst aufhört. Das Kuscheln, »Bonding« genannt, ist auch sehr wichtig für die soziale Entwicklung deines Kindes. Durch Berührung warmer Haut lernt das Neugeborene: Ich bin jetzt Teil des Rudels. Das gibt ihm Vertrauen und Selbstbewusstsein.

Heute weiß man, dass Berührungen den Herzschlag und Blutdruck mindern. Damit sind sie echte Stresskiller und helfen zu entspannen. Deshalb solltet ihr niemals aufhören, euch zu berühren. Gönn deinem Kind schon als Baby regelmäßige Massagen und hör auch später nie auf, es regelmäßig zu streicheln und zu umarmen.

20. Geht gemeinsam Schwimmen

Babys sind echte Wasserratten! Logisch: Schließlich sind sie auch neun Monate lang durch Mamas Fruchtwasser gepaddelt. Ungefähr mit drei Monaten, sobald dein Baby den Kopf halten kann, kannst du mit ihm einen Babyschwimmkurs besuchen, um die reflexartigen Bewegungsabläufe wieder zu aktivieren.

Beim gemeinsamen Schwimmen lernen Kinder schon früh, ihre Bewegungen zu steuern, Koordination und Gleichgewichtssinn zu nutzen. Auch die Bindung zur Mutter wird gestärkt. Weiterhin verbessern sich Schlaf und Atmung durch das Planschen im Wasser. Später wird es dein Kind im Schwimmunterricht leichter haben. Aber Achtung: Um diese positiven Wirkungen zu erzielen, solltet ihr für mindestens sechs Monate einmal wöchentlich schwimmen gehen. Wenn wir das Element Wasser genauso viel Freude bereitet wie deinem Sprössling: Warum nicht?

21. Tanzt!

Die zehnjährige Larissa kommt oft mit blauen Flecken nach Hause und kann die Turngeräte im Sportunterricht nur mit Mühe und Not bewältigen. Ihr fehlendes Körpergefühl könnte damit zusammenhängen, dass sie im jungen Alter zu wenig getanzt hat.

Wusstest du das *spil* auf althochdeutsch »Tanzbewegung« bedeutet? Logisch irgendwie: Es macht jede Menge Freude und ist genauso universell wie das Spielen. Man muss keinem Kind erklären, wie tanzen geht. Sie trainieren mittels

Tanzbewegungen schon ab dem zweiten Lebensjahr spielerisch Körpergefühl und Gleichgewichtssinn.

Den Erziehern in Kindergarten und Grundschule ist das natürlich bekannt. Deshalb lockern sie die Gruppe immer wieder mit Tanz- und Bewegungsspielen. Aber warum nicht auch mal zu Hause tanzen? Ein paar Tanzstunden machen im fortschreitenden Alter noch Freude, helfen bei der Konzentration und fördern die Grobmotorik.

Wenn dein Kind schon älter ist und tanzen nicht so sein Ding ist, dann könntet ihr euch auch frei nach dem Silly Walk von »Monty Python« eure ganz persönlichen albernen Gangarten überlegen.

22. Bastelt!

Bereits im ersten Lebensjahr kann mit dem Basteln begonnen werden: Handabdrücke in Salzteig sorgen für bleibende Erinnerungen, Papierschnipsel und andere Materialien auf einem Holzbrett angeklebt liefern erste Wand-Collagen. Ein Jahr später darf mit Knete hantiert werden. Eventuell kann es nun auch schon die Schere halten und bei der Anfertigung von Weihnachtsdekoration behilflich sein. Einfache Origami-Figuren sind bereits ab dem dritten Lebensjahr möglich.

Knüllen, reißen, formen, anordnen, schneiden und falten: Durch solcherlei Aktivitäten wird die Feinmotorik geschult, die unter anderem dafür zuständig ist, dass dein Kind später eine handwerkliche Begabung entwickelt. »Do it yourself« und »Upcycling[3]« fördern außerdem Kreativität und Selbstwirksamkeit: Dein Kind lernt, dass man mit wenig materiellem Aufwand tolle Dinge bauen kann; und zwar gemeinsam!

23. Genießt die Natur

»Oh, nee Mama, nicht schon wieder raus gehen.« Wenn Kinder sich zu hyperaktiven Bewegungsmuffeln entwickeln, dann könnte es damit zu tun haben, dass ihre Eltern mit ihnen im Kleinkindalter nicht oft genug draußen waren.

In Wäldern und auf Wiesen können Kinder durch Balancieren, Klettern, Rennen und Ballspielen ihre Grobmotorik trainieren.

Eine Studie an der Universität Hongkong zeigte, dass abgesehen von den motorischen Fähigkeiten, Naturkinder später auch ausgeglichener und ruhiger werden als Stadtkinder: Die Verhaltens-und Emotionsstörung ADHS käme sehr viel seltener vor.[4] Genug Gründe für regelmäßige Spaziergänge in der Natur.

---

3 Unter Upcycling versteht man die Nutzung alter Materialien, die andernfalls auf dem Müll landen würden. Wenn ihr aus Kronkorken kleine Tierchen bastelt oder aus Toilettenpapierrollen einen Stifthalter, dann ist das Upcycling.

4 Befragt wurden 299 Eltern mit Kindern zwischen 2 bis 5 Jahren. Der Fragebogen enthielt Fragen zur Naturerfahrung und zur emotionalen Gesundheit des Kindes (Sobka 2018).

Sprache

Auch die Sprachentwicklung beginnt mit dem Hören der ersten menschlichen Laute im Mutterbauch. Sofort nach der Geburt beobachtet das Neugeborene dann aufmerksam Mundbewegungen und trainiert über das Schreien seine Stimme, bevor es zu lächeln, lallen und plappern beginnt.

Bis zur Einschulung sind die meisten sprachlichen Fähigkeiten deines Kindes bereits ausgebildet: Dein Kind sollte nun in seiner Muttersprache ungefähr 5.000 Wörter richtig benutzen können, eine fehlerfreie Grammatik verwenden und komplizierte Laute wie »sch« oder »pfl« bilden. Jetzt kann es sich bis zur fünften Klasse ganz darauf konzentrieren, seinen Wortschatz zu erweitern und schwierige Grammatikkonstruktionen wie den Genitiv oder den Konjunktiv zu erlernen. Bis zum zehnten Lebensjahr wird es ihm dann immer schwerer fallen, sprachliche Defizite aufzuholen.

24. Vorlesen und nacherzählen

Eine Studie der Deutschen Bahn Stiftung zeigte, dass rund 30 % Prozent der Eltern ihren Kindern in den ersten drei Lebensjahren nicht vorlesen. Fatal!

Bereits in den ersten Monaten ist es sinnvoll, deinem Kind vorzulesen, um es an Aussprache und grammatikalische Konstruktionen zu gewöhnen! Das Lesen und Schreiben wird ihm auf die Weise später einfach fallen! Zusätzlich verschafft es ein Gefühl der Geborgenheit und beflügelt die Fantasie. Sobald es alt genug ist, solltest du dein Kind mittendrin oder im Nachhinein Fragen zu den Inhalten stellen: Weißt du noch, wie die Prinzessin hieß? Und warum war der Prinz so verärgert? Lass es ruhig ganze Geschichten nacherzählen!

25. Sprich mit den Händen

»Ach, hast du schon gehört? Die Kleine von Antonia geht jetzt zum *Baby signing*!«

Bitte, was? Was soll denn das sein?

Was so hip klingt, ist tatsächlich gar nicht neu: Schon in den 80er-Jahren gab es in den USA erste »Baby signing«-Kurse. Aber warum? Und was ist das überhaupt?

Bei »Baby signing« handelt es sich um eine Zeichensprache, die Eltern mit ihren Sprösslingen noch vor seinem ersten Wort einüben können, um die Kommunikation untereinander zu verbessern. Tatsächlich existieren immer mehr Studien, die den positiven Effekt von Gesten auf den späteren Spracherwerb bestätigen.

Begleite deshalb schon in den ersten Lebensmonaten deines Kindes Schlüsselworte wie »schlafen« und »essen« oder Emotionen wie Überraschung und Ärger durch klare Gestik und Mimik. Wenn du dieses Vorgehen wiederholst, dann wird dein Kind nach Expertenmeinung später von einem umfangreicheren Wortschatz profitieren. Außerdem macht es doch auch Spaß, mit Händen und Füßen zu sprechen, oder?

26. Sprich bildhaft

Zwischen dem zweiten und vierten Lebensjahr beginnt dein Kind, dich mit kreativen und teils auch philosophischen Fragen zu bombardieren. Du kommst ins Schwitzen: »Warum der Himmel blau ist?« Da musst du jetzt wohl eine physikalische Erklärung zur Optik abliefern?

Kleinkinder haben komplizierte Fragen, können lange Erklärungen aber noch nicht verarbeiten. Stattdessen lernen sie über Bilder. Eine altersgerechte Antwort wäre deshalb: »Die Sonne schenkt der Erde Licht in vielen Farben. Wir sehen an freundlichen Tagen aber nur das blaue Licht.« Wenn dein Kind weiterhin an dem Thema interessiert ist, sucht gemeinsam in der Bibliothek nach Bilderbüchern. Das Umblättern von Buchseiten fördert übrigens auch die Feinmotorik deines Lieblings!

27. Stelle Gegenfragen

»Warum bist du älter als ich?« »Weil ich früher geboren wurde.« »Warum wurdest du geboren?« »Weil deine Großeltern sich ganz lieb hatten.« »Warum haben sich manche Leute lieb und andere nicht?« »Das weiß nicht. Das ist einfach so.«

Die endlosen Fragenketten deines Kindes wollen einfach nicht abbrechen?

Es ist völlig in Ordnung zu sagen, dass du nicht auf alles eine Antwort hast. Eine gute Strategie ist aber auch, die Frage zurückzugeben: »Was denkst du denn, warum?« Das spornt dein Kind dazu an, kreative und ganz erstaunliche Antworten zu finden.

28. Nachhaken statt zurechtweisen

»Mama, Hund streicheln!« – »Nein, mein Kind! Das heißt: Ich möchte den Hund streicheln!«

Wenn dein Kind mit zwei Jahren die ersten Sätze spricht, reiht es nicht mehr als zwei bis drei Wörter aneinander. Auch der Gebrauch des Ich-Pronomens kann bis zum dritten Lebensjahr auf sich warten lassen. Du förderst diese Meilensteine der Sprachentwicklung nicht, indem du es zurechtweist. Stattdessen helfen ihm korrigierende Fragen: »Du möchtest den Hund streicheln? Okay, ich bin einverstanden. Komm, wir gehen jetzt gemeinsam zu dem Hund.« In der Fachsprache wird das »corrective feedback« genannt.

Kognition

Wie nimmt ein Kind seine Umwelt wahr? Wie verarbeitet es neue Informationen? Gedächtnisleistung, Konzentration, Kreativität, abstraktes Denken und Problemlösung: All das fällt unter den Begriff Kognition.

Entwicklungsneurologen sprechen von sogenannten »Grenzsteinen« in der kognitiven Entwicklung[5]. Demnach hat ein Neugeborenes noch kein Verständnis für Ursache und Wirkung: Es setzt sein Handeln nicht in Beziehung zur Außenwelt. Eine Unterscheidung von Ich und Du kennt es nicht. Erst ab dem dritten Monat macht es die Erfahrung, dass es Dinge bewegen kann. Nun versteht es, dass es Ein-

---

5 vergl. Michaelis, Niemann (2010). Entwicklungsneurologie und Neuropädiatrie. 4. vollständ. überarb. und erweit. Aufl., Stuttgart: Thieme

fluss auf die Außenwelt hat und noch etwas anderes existiert als es selbst. Erst ab dem vierten Lebensjahr bekommt es eine Idee von Mengen- und Zeitbegriffen. Spiele wie Memory und Puzzles sind nun möglich. Die meisten Erfahrungen bezieht es jedoch nach wie vor auf sich: Es denkt egozentrisch, dass die Welt in Abhängigkeit von ihm existiert.

Mit etwa zwölf Jahren verfügt es dann über ein vergleichbar abstraktes — objektives – Denken wie Erwachsene: Modelle, Grafiken oder Statistiken leuchten ihm ein. Auch naturwissenschaftliche Regeln und mathematische Gesetze rücken immer mehr in den Bereich des Vorstellbaren. Die Entwicklung der kognitiven Fähigkeiten kann bis in das frühe Erwachsenenalter reichen. Zur frühzeitigen Förderung bieten sich die nachfolgenden vier Tipps an!

29. Malt!

Als Simon vor der Einschulung einen Menschen malen sollte, konnte er kaum den Stift richtig halten. Der Körper war nur eine Kugel und die Ohren so groß wie bei einem Elefanten.

Nicht zufällig wird im Vorschulalter die kognitive Kompetenz unter anderem mithilfe des Malens getestet. Beim Malen wird sichtbar, wie das Kind seine Außenwelt sieht und sich zu ihr in Beziehung setzt. In den ersten sechs Jahren verläuft das Malen weitestgehend unbewusst. Das bedeutet, dass Kinder bis dahin nicht planen, was sie aufs Papier bringen. Schau deshalb ganz genau hin: Das Kunstwerk deines Lieblings offenbart dir eine unverfälschte Sicht auf seine Gedanken- und Gefühlswelt. Wenn du deinem Kind einen ruhigen Platz zum Malen bietest, dann förderst du Kreativität, Feinmotorik, Geduld und Konzentrationsfähigkeit.

30. Musiziert!

Einige lassen ihre Babys schon im Mutterbauch in den Genuss von Musik kommen. Tatsächlich nehmen Föten nicht nur die Musik war, sondern haben sogar Präferenzen! Eine spanische Studie aus dem Jahr 2019 untersuchte den Musikgeschmack von Föten zwischen 18 und 38 Wochen. Das Ergebnis: Mozart und Bach kommen bei den Ungeborenen am besten an, gregorianische Gesänge sind am unbeliebtesten.[6]

Musik fördert die Entwicklung deines Kindes in vielerlei Hinsicht: Gesänge wirken positiv auf das Sprachzentrum, Rhythmen fördern die Bewegung und wiederkehrende Melodien verbessern das Gedächtnis. Ab dem dritten Lebensjahr ist dein Kind besonders empfänglich für Musik. Diese natürliche Begabung hält bis zur Pubertät an. Danach wird es immer schwieriger, beispielsweise ein Musikinstrument zu lernen.

Gib deinem Kind deshalb früh genug Rhythmusinstrumente zur Hand, sing ihm vor dem Schlafengehen etwas vor und führe es mit ungefähr fünf Jahren an ein Instrument wie Klavier oder Flöte heran, wenn es daran Interesse zeigt.

31. Stell Regeln auf

»Wenn ich das Glas vom Tisch stoße, fällt es runter, zerbricht und Mama ärgert sich.« Sobald Kinder kausale Zusammenhänge verstehen und in Worte fassen können, sollten sie mit Regeln konfrontiert werden. Erste Regeln,

6 vgl. Teijón 2019

wie etwas das regelmäßige Zimmeraufräumen vor dem Abendessen, können bereits mit drei Jahren eingeführt werden. Wichtig ist hierbei, konsequent zu bleiben. Ein Kind muss verstehen, warum diese Regel wichtig ist. Danach folgt es der Regel freiwillig, weil sie ihm logisch erscheint und fühlen sich nicht erpresst. Erst wenn Erklärungen und Bedingungen nicht mehr helfen, sollte man seinem Kind bei der Umsetzung der Regel helfen. Keinesfalls sollte man ihm die Aufgabe vollständig abnehmen.

32. Sag genau, was du von deinem Kind möchtest

Als Erwachsene tendieren wir dazu, unsere Wünsche durch höfliche Formulierungen zu verschnörkeln, aber Kinder verstehen das noch nicht so gut. Du machst es deinem Kind einfacher, wenn du einfach und klar formulierst, was du von ihm erwartest. Verlange dabei nur Dinge, die dein Kind in seinem Alter wirklich umsetzen kann: »Ich möchte, dass du in drei Tagen dein Zimmer aufräumst, denk bitte selbst daran!«, ist für einen Fünfjährigen möglicherweise eine Überforderung, weil es gerade erst beginnt, ein Zeitgefühl zu entwickelt. Auch Aneinanderreihungen von Aufgaben können Kleinkinder noch nicht abarbeiten.

33. Benutzt beide Hände

Wir leben in einer linkslastigen Gesellschaft: Die Rede ist nicht von Politik, sondern von unseren Gehirnhälften. In der linken Gehirnhälfte sitzt das logisch-abstrakte Denken. Und genau das benötigen wir in vielen Alltagssituationen; vom Lesen einer Bedienungsanleitung bis zum Einhalten eines Termins. Weniger gefragt ist die rechte Gehirnhälfte, die unter anderem für Kreativität, Emotionen, Neugier und räumliches Denken zuständig ist.

Rechtshänder haben eine ausgeprägte linke Gehirnhälfte. Dass sie weltweit häufiger vorkommen, hat vermutlich evolutionäre Gründe: Das Sprachzentrum, das mit dem Schreiben stark verbunden ist, sitzt in der linken Gehirnhälfte.

Egal, ob dein Kind nun Links- oder Rechtshänder ist: Wenn es einige Dinge mit beiden Händen ausführen kann, verknüpfen sich die Gehirnhälften. Ein optimales kognitives Training dafür ist das Trommeln. Wie wäre es mit einer sogenannten »Zungentrommel«? Im Gegensatz zu einem Schlagzeug gibt diese sehr ruhige, meditative Töne von sich.

Auch das Synchron-Schreiben oder -Malen eignet sich zum gleichmäßigen Gehirnhälftentraining: Je in eine Hand einen Stift nehmen und Linien, Formen, Wörter und Sätze mit beiden Händen gleichzeitig aufs Papier bringen.

Emotionen

Wie ein Mensch in Konfliktsituationen umgeht, wie er Freude, Wut und Angst ausdrückt, wie empathisch – mitfühlend – er die Emotionen anderer versteht und sich entsprechend verhält: Das alles ist reguliert durch seine Emotion.

In den antiken Schriften des Philosophen Aristoteles wurden Emotionen als galoppierende Pferde beschrieben, die den Verstand benebeln. Diese wilden Pferde galt es zu zügeln! Heute weiß man, dass der persönliche Umgang mit

Emotionen einen großen Einfluss auf die soziale Intelligenz und kognitive Fähigkeiten eines Menschen haben: Emotion spielt beim Lernen eine große Rolle!

Die emotionale Reifung ist ähnlich wie die kognitive Reifung ein langer Prozess, der bis zur Pubertät anhalten kann. Wenn ein Baby mit etwa zwei Monaten das Lächeln seiner Mutter mit einem Lächeln erwidert, ist ein erster Meilenstein in der emotionalen Entwicklung erreicht. Emotionen kann es jetzt noch nicht regulieren, es kann sich nicht selbst beruhigen, sondern ist vollkommen auf die Hilfe der Bezugsperson angewiesen. Parallel zur Sprachentwicklung verbessert sich seine Fähigkeit, Gefühle auszudrücken. Mit etwa drei Jahren kann dein Kind die Gestik und Mimik anderer Personen lesen und beginnt, seinen eigenen Gesichtsausdruck zu manipulieren. Es macht beispielsweise ein trauriges Gesicht, um Aufmerksamkeit zu erhalten.

Im Kindergartenalter entwickeln sich Empathie und damit erste Freundschaften: Dein Kind lernt mit negativen Gefühlen umzugehen und kann zwischen eigenen und fremden Gefühlen unterscheiden. In den ersten Schulklassen verfestigen sich diese Fähigkeiten. Übertriebene Gefühlsausbrüche gehen langsam zurück, Konflikte werden untereinander oder mit sich selbst ausgehandelt; die Hilfe von Erwachsenen ist immer seltener notwendig. Dabei kommen wichtige Strategien wie Ablenkung, Ausweichen oder Kompromissbereitschaft zum Tragen. Um die emotionale Reifung deines Kindes bestmöglich zu unterstützen, helfen folgende vier Tipps.

34. Ins Spiel vertiefen

Die vierjährige Katharina ist seit zwei Stunden ganz in ihr Spiel vertieft, lässt die kleinen Figuren auf ihrem Teppich sprechen und hört nicht einmal Mamas Rufe. Was sie wohl denkt?

Wenn Kinder sich in ein Spiel derart vertiefen, dann simulieren sie Wirklichkeit. Emotional ist das von hoher Bedeutung, weil sie hier ihre Wünsche und ihren Willen ausbilden. Oft entstehen ganz beeindruckende Bauwerke oder fantasievolle Tierwesen. Schau ganz genau hin, was dein Kind spielerisch für Sehnsüchte zum Ausdruck bringt! Und staune über seine unendliche Fantasie.

35. Findet Worte für eure Gefühle

»Du doofe Sch*, ich hasse dich!« Autsch, das tut weh! Nimm das aber bloß nicht persönlich! Wenn sich dein Kind so äußert, befindet es sich womöglich in seiner Trotzphase. Der Höhepunkt ist zwischen dem zweiten und dritten Lebensjahr, solcherlei Beschimpfungen können aber auch noch bis in die Schulzeit andauern. Wie reagiert man da nun?

Eine Möglichkeit ist, die Gefühle genauer zu benennen. Bestimmt weiß es einfach noch nicht genau, seine eigenen Gefühle zu beschreiben und benutzt deshalb zu starke Wörter wie »Sch*« oder »Hass«. Erkläre ihm die Bedeutung und zeig deinem Kind, wie du dich fühlst, wenn es so solche Wörter benutzt. Hake weiter nach: Warum ist es so wütend? Besprecht ab sofort jeden Abend eure Gefühle: Was hat dich heute zum Lachen gebracht? Was hat dich geärgert?

36. Lass dein Kind mit Tieren spielen

»Wenn Mama keine Zeit hat, dann sprech ich eben mit Luna.«

Luna könnte ein Hund, eine Katze oder ein Kaninchen sein, vielleicht sogar eine Ratte? Fest steht, dass Tiere schon früh Vertrauen schaffen. Gemäß pädagogischen Studien sind bei Kindern mit Haustieren soziale Kompetenzen wie Teamfähigkeit und der Ausdruck von persönlichen Gefühlen später sehr viel ausgeprägter. Auch wenn Kinder erst mit ungefähr sechs Jahren erste Verantwortung bei der Tierpflege übernehmen sollten, kannst du sie schon sehr viel früher an Tiere heranführen. Der Hund des Nachbarn? Die Spinne des Kollegen? Lass dein Kind Tiere beobachten und anfassen. Es muss nicht immer ein eigenes Haustier sein! Denn denk dran: Die Verantwortung dafür übernimmst zum großen Teil du als Elternteil.

37. Lass Enttäuschungen zu

Es ist ganz normal, dass du dein Kind nicht traurig und enttäuscht sehen willst, aber manchmal muss das sein!

Der Umgang mit Frust und Enttäuschungen sollte früh geübt werden, sonst tendiert es später womöglich zu übertriebenen Gefühlsausbrüchen, wenn etwas nicht nach seiner Pfeife tanzt.

KAPITEL 3

Lernstile – vier individuelle Wege der Wissensaneignung

Ein Kind, das in den Bereichen *Bewegung, Sprache, Emotion und Kognition* von Geburt an möglichst zu gleichen Teilen gefördert wurde, ist ideal für den Schulalltag gewappnet. In der Grundschule wird es Gelegenheit finden, seine Fertigkeiten unter Beweis zu stellen und weiter auszubauen. Spätestens jetzt zeigen sich gewisse Präferenzen: Liest dein Kind problemlos längere Textaufgaben oder geht es in Diskussionsgruppen auf? Muss es eine Aufgabe erst mal länger durchdenken oder lernt es über das Ausprobieren (»Learning by doing«)?

Die Antwort dürfte für jeden anders ausfallen und das ist völlig normal! Jedes Kind geht anders an eine Aufgabe heran und benutzt gewisse Methoden und Materialien lieber als andere. Entwicklungspsychologen sprechen in diesem Zusammenhang von Lernstilen.

Der individuelle Lernstil deines Kindes hängt entweder davon ab, welche Fertigkeiten während der frühkindlichen Entwicklung besonders ausgiebig gefördert wurden, oder stellt ein angeborenes Persönlichkeitsmerkmal dar.

Falls ein Lernstil bei deinem Kind besonders ausgeprägt ist, solltest du es vorsichtig an andere Stile heranführen, um seine Fähigkeiten breiter zu fächern. Indem du Lernmethoden und -materialien nach den Vorlieben deines Kindes ausrichtest, hilfst du ihm bei der selbstbewussten Entwicklung seiner Persönlichkeit. Weiterhin kannst du darauf achten, dass seine Kapazitäten nicht durch ungeeignete Herangehensweisen überstrapaziert werden.

Auf den folgenden Seiten kann dein Kind anhand von 16 Fragen seinen eigenen Lernstil ermitteln und lernt seine Stärken und Schwächen kennen.[7] Dir als Elternteil gibt das Testergebnis eine Idee, in welchen Bereichen es besonders begabt ist und wo es eventuell mehr Unterstützung benötigt. Je nach Alter kann dein Kind sich die Fragen selbst durchlesen oder du gehst sie mit ihm gemeinsam durch. Erkläre schwierige Wörter, aber beeinflusse keinesfalls die Antworten deines Kindes. Mach ihm deutlich, dass es bei diesem Test kein richtig oder falsch gibt!

---

7 Der Test orientiert sich an dem 1992 entstandenen Lernstile-Modell des Erziehungswissenschaftlers Josef Schrader und ist auf den Grundschul-Kontext angewandt (vergl. Schrader, 2008).

Selbsttest:
Wie lernt mein Kind am besten!

Um etwas besser zu verstehen, muss ich ...

a) Bilder oder einen Film dazu sehen. (S)
b) mir Notizen dazu machen. (A)
c) mir etwas ausführlich erklären lassen. (O)

Rollenspiele, also das Spielen von kurzen Szenen, finde ich ...

a) total lustig. (K)
b) absolut peinlich. (O)
c) überflüssig, warum macht man das in der Schule? (A)

Wenn ich mir etwas merken muss, ...

a) sage ich es mir im Kopf immer wieder vor. (O)
b) schreibe ich es mir auf. (A)
c) bin ich gestresst, weil ich es bestimmt vergesse. (K)

Was ich mir sehr gut merken kann, sind ...

a) Jahreszahlen und Namen. (A)
b) spannende Experimente, die wir durchführen. (K)
c) Geschichten, Gedichte oder Witze. (S)

✎ Ich male eher ...

a) unsauber. (K)

b) fantasievoll. (S)

c) realistisch. (A)

✎ Ich mag es, wenn ...

a) alles wie immer ist. (O)

b) viel Abwechslung herrscht. (K)

c) alle zufrieden sind. (S)

✎ Von meinen Eltern wünsch ich mir, dass sie ...

a) immer ganz genau wissen, was zu tun ist. (O)

b) mir mehr Freiraum geben, mich auszutoben. (K)

c) mich öfter loben und in den Arm nehmen. (S)

✎ Wenn ich mich verlaufe und kein Smartphone dabei habe, ...

a) frage ich sofort einen Erwachsenen um Hilfe. (O)

b) probiere ich zuerst, selbst wieder auf den richtigen Weg zu kommen. (K)

c) suche ich einen Stadtplan und schaue nach, wo ich bin. (A)

✎ Wenn ich Aufgaben in der Gruppe mit Mitschülern löse, ...

a) verliere ich schnell den Überblick. (O)

b) fühl ich mich nur pudelwohl, wenn ich die Leute mag. (S)

c) bin ich schnell genervt, weil alles im Schneckentempo vorangeht. (A)

✎ Nach langen Erklärungen ...

a) weiß ich sofort, was ich machen soll. (O)

b) möchte ich ganz viele Fragen stellen. (S)

c) mach ich mir erst mal eine Liste oder eine Zeichnung dazu. (A)

✎ Wenn ich mich entspannen möchte, dann ...

a) schaue ich einen Film. (A)

b) baue oder bastle ich etwas. (K)

c) muss ich mich bewegen. (S)

✎ Wenn ich Hausaufgaben mache oder für eine Klassenarbeit lernen soll ...

a) habe ich feste Zeiten dafür, die ich meist auch einhalte. (O)

b) mache ich alles auf den letzten Drücker. (K)

c) spreche ich manchmal leise vor mich hin oder gehe auf und ab. (S)

✏ Meine Schulhefter sind ...

a) gut sortiert. Ordnung ist mir wichtig. (O)
b) ziemlich dick: ich schreib viel mit. (A)
c) Meine Schulhefter? Ja, wo sind die eigentlich? (K)

✏ Schulnoten und Wettkämpfe...

a) machen mir total viel Stress. (O)
b) sind manchmal ungerecht. (S)
c) sehe ich sportlich: Dabeisein ist alles, gewinnen ist nicht so wichtig. (K)

✏ Wenn ich einen Wunsch frei hätte, wünschte ich mir ...

a) einen Hund oder ein anderes Haustier. (S)
b) ein Buch über ein Thema, das mich grad interessiert. (O)
c) den ersten Platz bei einem Wettbewerb zu gewinnen. (A)

✏ Ich spiele gern ...

a) Quizspiele. (A)
b) Memory-Spiele. (S)
c) draußen in der Natur. (K)

HIER GEHT'S ZUR AUSWERTUNG!

In jedem der vier Lernstile (K, A, S, O) können bis zu zwölf Punkte erreicht werden. Gehe vom Zentrum des Rechtecks aus und markiere, wie oft dein Kind den jeweiligen Lernstil angekreuzt hat. Wenn du die vier Ecken verbindest, ergibt sich ein mehr oder weniger gleichmäßiges Rechteck. Kannst du eine deutliche Präferenz zu einem Buchstaben ablesen?

Dann lies deinem Kind die passende Beschreibung unten vor.

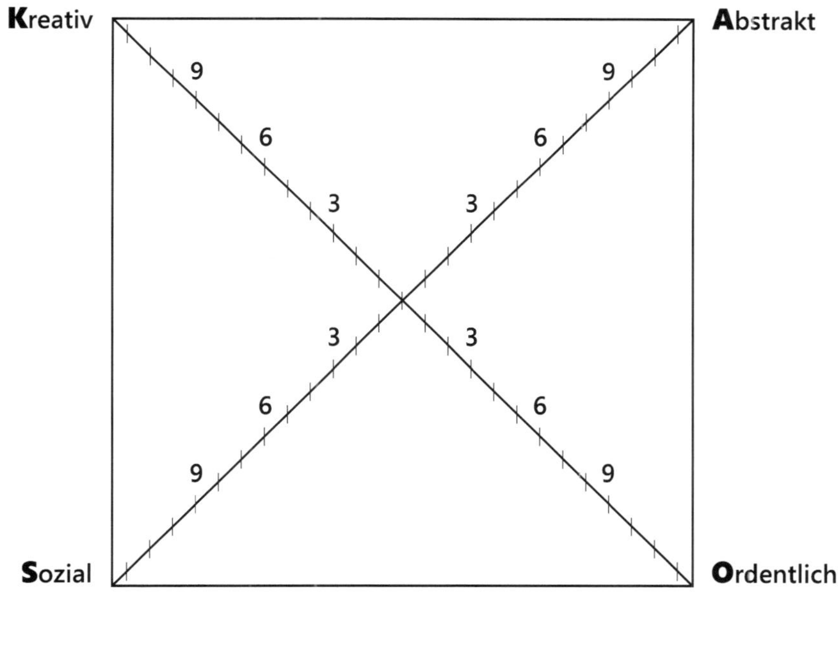

K: Der kreative Lerner

Du bist ein kleines Kunstass! Du magst Geschichten und erfindest gern auch deine eigenen. Dann geht das Kopfkino so richtig los! Viel Abwechslung und knifflige Problemstellungen motivieren dich. Gern tüftelst du herum und hast keine Angst vor komplizierten Aufgaben. Mit anderen Kindern fühlst du dich wohl, denn du bist gesellig und kommunikativ! Schulfächer wie Kunst, Deutsch oder Ethik liegen dir gut, solange dir möglichst viel Freiraum gelassen wird, mit Worten und Ideen zu jonglieren.

38. Prüft den Arbeitsplatz

Besonders Grammatik- und Mathematikaufgaben sind deinem Kind lästig, denn es neigt zu Flüchtigkeitsfehlern. Prüft, bevor es sich auf eine Aufgabe stürzt, ob es die richtigen Materialien hat und der Arbeitsplatz ordentlich ist. Lenkt ihm nichts ab?

39. Nutzt Farben und Markierungen

Dein Kind begreift die Dinge, wenn es sie anfassen kann. »Fail and error« und »learning by doing« sind seine Maxime. Dabei beginnt es oft Dinge, ohne sie abzuschließen. Viele kleine Baustellen wachsen deinem Kind schnell über den Kopf. Hilf ihm, einen Fahrplan zu erstellen, den es schrittweise abarbeiten kann. Nutzt Farben und Markierungen, um nicht den Überblick zu verlieren.

40. Stell einen Wecker auf den Tisch

Zeitvorgaben können dein Kind ins Schwitzen bringen: Um immer im Blick zu haben, wie viel Zeit ihm für eine Sache zur Verfügung steht, sollte es sich einen Wecker auf den Schreibtisch stellen.

41. Lobe seinen Einfallsreichtum

Eventuell erfindet dein Kind manchmal das Rad neu und macht einfache Dinge furchtbar kompliziert. Halte es bei diesem Lernprozess nicht auf und lobe seinen Einfallsreichtum!

42. Finde ein Hobby mit starken Regeln

Spiel- und Bauanleitungen zu folgen, bereiten deinem Kind Schwierigkeiten und wenig Spaß. Belehrungen und Erklärungen wie: »So macht man das eben« oder »Das ist einfach so«, helfen ihm nicht. Durch das Erlernen eines Musikinstruments oder die Teilnahme an einem Teamsport könnte es seine Vorlieben ausleben und gleichzeitig seine Konzentration und das Einhalten von Regeln verbessern.

S: Der soziale Lerner

Du hast besonders feine Antennen für die Wünsche und Bedürfnisse der anderen. Wenn es irgendwo ungerecht zugeht, dann stellst du dich mutig dazwischen.

Für Gruppenarbeiten bist du der perfekte Moderator. Du achtest darauf, dass alle zu Wort kommen, bist hilfsbereit und lieferst bei Problemen kreative Lösungsvorschläge.

Du bist sehr gut darin, Wissen praktisch anzuwenden, hast eine gute Intuition für Farben, Formen und ein ausgeprägtes Körpergefühl. Um deine Emotionen zum Ausdruck zu bringen, nutzt du vielleicht Tanz, Schauspiel, Musik, Malerei oder schreibst sogar Gedichte.

43. Hilf deinem Kind, eine Lerngruppe zu gründen

Wenn es beim Lernen allein gelassen wird, fühlt es sich schnell unsicher. Lese- und Schreibaufgaben sind nicht so sein Ding! Vielleicht kann es mit Mitschülern Lerngruppen bilden, damit sie sich gegenseitig zur Seite stehen können.

44. Findet heraus, was dein Kind selbst will

Der Tipp klingt banal, ist aber in der Realität deines Kindes nicht immer leicht umzusetzen. Weil es Probleme schnell auf sich bezieht und sich nicht mehr konzentrieren kann, wenn es irgendwo Stunk gibt, braucht es Hilfestellungen dabei, seine eigenen Gefühle und Wünsche von Fremden zu unterscheiden. Mach deinem Kind klar, dass man es leider nicht allen recht machen kann, auch wenn dieses Anliegen sehr löblich ist. Erinnere es öfter daran, seine eigenen Ansichten wichtiger zu nehmen als die der anderen.

45. Legt Lernpausen ein

Weil es so empfänglich für äußere Schwingungen und sinnliche Eindrücke ist, hat dein Kind manchmal eine Blockade und nichts geht mehr. Es sollte Lernpausen zum Springen, Rennen oder Knuddeln nutzen. Das hilft ihm, wieder zu sich selbst zu finden. Vielen emotionalen Lernern soll es helfen, Hausaufgaben mit Musik zu machen.

46. Lobe seine Selbstständigkeit

Die emotionalen Fähigkeiten deines Kindes sind überirdisch! Leider kommen diese in der Schule oft zu kurz. Da es viel Lob und Bestätigung von der Gruppe braucht, fällt ihm selbstständiges Lernen schwer. Lobe jeden kleinen Schritt in Richtung Selbstständigkeit! Plane auch genug Raum für Freizeitaktivitäten ein, während der dein Kind nach der Schule glänzen kann. In einer Tanz- oder Theatergruppe könnte es gut aufgehoben sein, weil es hier in Interaktion mit anderen treten kann. Und genau das ist seine Stärke!

A: Der abstrakte Lerner

Hallo, Doktor Durchblick! Gehst du wirklich noch in die Grundschule, oder studierst du schon heimlich an der Universität? Du bist ein echtes Denkerass! Spiele findest du Kinderkram, dich interessieren Erwachsenenbücher. Lesen macht dir richtig Spaß!

Du bist ehrgeizig! Noten und Wettkämpfe spornen dich an. Hauptsache klare Ergebnisse und kein Wischiwaschi! Dein Lieblingsfach ist möglicherweise Mathematik, du interessierst dich auch für Physik und Chemie. Mit Abwechslung hast du kein Problem! Im Gegenteil; wenn zu lange auf einem Thema herumgekaut wird, langweilst du dich schnell. Zusammenhänge durchschaust du viel schneller als andere.

47. Gib deinem Kind mehr Aufgaben

Dein Kind hat herausragende kognitive Fähigkeiten und verfügt über ein Abstraktionsvermögen, das normalerweise erst in der Oberstufe ausgereift ist. Gib ihm zusätzliche Aufgaben, damit es sich nicht unterfordert fühlt! Greife gerne auf Aufgaben zurück, die normalerweise erst in höheren Klassenstufen Anwendung finden.

48. Spinnt euch aus

Wenn Fantasie gefragt ist, kommst dein Kind ins Stocken. Das überlässt es lieber anderen. Unsaubere Schrift oder Zeichnungen verärgern ihn genauso wie unrealistische Erzählungen. Gedichtinterpretationen? Diskussionsrunden? Der reinste Horror!

Da freies Denken jenseits von Ursache und Wirkung aber ebenso Teil unseres Lebens ist, solltest du mit ihm bewusst üben, unvernünftig zu sein. Probiert Albernheiten aus, tauscht Kleidung, sprecht rückwärts.

49. Übt Empathie

Langsame oder laute Schüler können deinem Kind den letzten Nerv rauben. Leider ist seine Klasse voll davon! Deshalb gefallen ihm Partner- und Gruppenarbeiten überhaupt nicht! Spielt Gruppensituationen in Rollenspielen nach und lass dein Kind in die Rolle eines Schülers schlüpfen, den es besonders nervig findet. Du übernimmst die Rolle deines Kindes. Frag dein Kind, warum es denkt, dass andere Kinder so laut sind? Wie fühlt es sich dabei, in deren Rolle zu schlüpfen? Mithilfe des Perspektivenwechsels übt dein Kind sich in Empathie.

O: Der ordentliche Lerner

Wow, was für ein Sprachass! Vokabeln auswendig zu lernen ist kein Problem für dich. Manchmal musst du ein Wort nur einmal hören, um es dir zu merken. Auch in Mathematik bist du ziemlich gut. Du lernst mühelos auswendig und dein Arbeitsplatz ist immer bestens aufgeräumt.

Längere Erklärungen stellen auch kein Problem für dich dar. Du kannst dich gut konzentrieren und zu Hause allein lernen. Größeren Projekten wie Präsentationen oder Lernplakaten widmest du all deine Zeit und arbeitest sie sehr detailliert und umfangreich aus. In Zeitnot kommst du dabei nie.

50. Übt Spontanität

Wenn etwas nicht nach Plan läuft, kommt dein Kind ins Schwitzen: Eine Freistunde? Ein Husten? Ein spontaner Besuch? Darauf ist es nicht vorbereitet! Für es könnte jeder Tag gleich ablaufen, aber leider ist das Leben voll von Überraschungen. Es kann Spontanität selbst üben, indem es beispielsweise einen anderen Schulweg nimmt oder seine Hofpausen anders verbringst, denn Abwechslung ist wichtig. Spontane Unternehmungen können deinem Kind zeigen, dass Überraschungen etwas Gutes an sich haben.

51. Ermutige zu Fehlern

Dein Kind meldet sich immer erst zu Wort, wenn es sich 100 % sicher ist. Oft kommt es gar nicht dazu, die anderen sind schneller und die Lehrperson spricht schon wieder über ein anderes Thema. Mache deinem Liebling klar, dass niemand perfekt ist und du es auch gar nicht perfekt haben möchtest: Das wäre langweilig! Gegen die Sprechhemmungen deines Kindes hilft es, Scharade oder Tabu zu spielen.

52. Lange Texte in Abschnitte teilen

Zu langes Brüten über jedes Wort und jeden Satz kann dein Kind viel Zeit in Klassenarbeiten kosten. Damit es sich nicht zu lange an einem Detail aufhält, sollte es Texte in Abschnitte teilen und von einfachen zu schwierigen Aufgaben vorgehen.

KAPITEL 4

Lernmotivation – Wie du dein Kind zum Lernen bewegst

»Das kalte Wasser wird nicht wärmer, wenn du später springst.«

Diesen Motivationsspruch von dem Coach und Unternehmer Bodo Schäfer verstehen auch schon kleine Kinder: Sie kennen den ersten unangenehmen Moment, bevor sie ins Wasser springen. Zuerst haben sie Angst davor, aber sobald sie einige Minuten im Wasser waren, macht es ihnen richtig Spaß, darin herumzuplanschen und sie sind stolz, sich überwunden zu haben.

Der Spruch eignet sich sehr gut, um zu beschreiben, wie Lernmotivation funktioniert. Lernen erfolgt nicht durch fernes Beobachten und zögerliches Herumstehen am Beckenrand: Man muss sich hineinstürzen wie in ein tosendes Meer. Motivation bedeutet Bewegung. Ob dein Kind aber von selbst ins Wasser springt, es gelockt wird (oder gar geschubst?), stellt lernpsychologisch einen gravierenden Unterschied dar. Die folgenden zehn Tipps zeigen dir, wie du dein Kind zum Lernen bewegst und was du dabei auf jeden Fall vermeiden solltest.

Erfolgsversprechende Strategien zur Aufrechterhaltung der Lernmotivation

53. Arbeitet schrittweise

»Puh, endlich geschafft.« Egal, ob ein Referat oder eine Klassenarbeit: Längerfristige Ziele zu erreichen, nimmt einem eine große Last von den Schultern und all der Kummer auf dem Weg dahin scheint vergessen.

Wer sich allerdings gleich einen ganzen Berg an Aufgaben vornimmt, dem kann schnell die Puste ausgehen. Hilf deinem Kind deshalb rechtzeitig eine Struktur und ein Tagesziel festzulegen. Arbeitet lieber eine Woche jeden Tag 15 Minuten an einer Aufgabe, statt an einem Tag zwei Stunden durchzupowern.

54. Vermeidet Aufschieberitis

Praktisch veranlagte Menschen brauchen immer Action und schieben monotone Tätigkeit deshalb vor sich her. Perfektionisten tun sich schwer, mit etwas anzufangen, weil sie Angst haben zu scheitern. Und für kreative Lerner ist Aufschieberitis, auch Prokrastination genannt, letztlich Teil ihrer Persönlichkeit: Zu viele Ideen, leichtes Ablenken und wenig Struktur und Plan führen bei ihnen zu immer neuen Baustellen.

Wenn dein Kind dazu neigt, Aufgaben zu vertagen, dann finde zuerst heraus, welcher der genannten Gründe es dazu verleitet. Sprich mit ihm über das Problem, zeige Verständnis und erkläre, warum es sich mit diesem Verhalten selbst schadet. Sobald es eine ungeliebte Aufgabe hinter sich gebracht hat, ist der richtige Zeitpunkt gekommen, dein Kind zu belohnen!

55. Nimm deinem Kind nicht zu viele Aufgaben ab

Rebecca ist Buchhändlerin. Als ihre Tochter eine Buchpräsentation vorbereiten sollte, übernahm sie die Themenwahl und einen Großteil der Plakatgestaltung. Es wäre doch eine Blamage, wenn die Tochter einer Buchhändlerin bei dieser Aufgabe keine Bestleistungen erzielen würde!

Zwar war Rebeccas Tochter glücklich über das Lob der Lehrerin, aber anschließend fragte sie ihre Mutter bei jeder Kleinigkeit um Rat. Du solltest es dir deshalb zur obersten Priorität machen, die Selbstständigkeit deines Kindes zu fördern. Selbst wenn dein Kind Ideen hat, die sich dir auf dem ersten Blick nicht erschließen, lass es seine Erfahrungen machen.

Das kindliche Interesse und seine Bedeutung für das Lernen

56. Erinnere dich an deine eigenen Lernerfahrungen

»Warum muss ich das denn lernen? Das brauch ich doch später eh nicht!« – Schon wieder eine dieser trotzigen Warum-Fragen. Wie soll man denn nur darauf reagieren?

Um deinem Kind gegenüber den richtigen Ton zu treffen und die richtigen Argumente zu finden, kann es helfen, dir über deine eigene Lernerfahrung im Klaren zu werden. Frag dich einmal selbst, warum du dir den Aufwand gemacht hast, zum Beispiel eine Fremdsprache zu lernen, an einer Fortbildung teilzunehmen oder den Führerschein zu machen. Natürlich kann der Grund ein äußerer Antrieb sein, zum Beispiel eine Gehaltserhöhung. Aber motivierte dich zum Führerschein nicht der potenzielle Fahrspaß mit dem eigenen Auto und die Freiheit, die man dadurch erhält? Und wird ein Reiseerlebnis nicht um einiges aufregender, wenn du die Nationalsprache beherrschst? Dann kannst du auf Ausflugstipps von Einheimischen zurückgreifen, die in keinem Reiseführer stehen und ohne Hemmungen Nachfragen im Restaurant anstellen.

Sobald du am eigenen Beispiel realisiert hast, dass Lernen sehr oft die Lebensqualität verbessert, fällt es dir auch einfacher, dies deinem Kind zu vermitteln.

57. Macht Tauschgeschäfte

»Ich will noch nicht ins Bett«, jammert die kleine Sara.

Trotzmomente dieser Art bieten die perfekte Gelegenheit, ein Tauschgeschäft auf den Tisch zu bringen. Wenn dein Kind zum Beispiel beim Vorlesen keine guten Ergebnisse erzielt und demotiviert wirkt, dann kannst du es vor dem Schlafengehen fragen: Lesen oder schlafen? Sicherlich liest dir dein Kind für 15 Minuten länger aufbleiben gern etwas vor. Falls du dein Kind nicht vom Tablet oder Smartphone bewegen kannst, tausche zehn Minuten mehr Daddeln gegen die gleiche Zeit an Hausarbeit. So übt es sich in Kompromissen. Dein Kind lernt, dass es nicht allein auf der Welt ist und andere Menschen ähnlich starke Bedürfnisse haben.

58. Streiche keine Hobbys, die Spaß bringen

Wenn bei deinem Kind vonseiten der Schule Mängel festgestellt werden, entsteht schnell Stress. Einige Eltern denken, sie müssten jetzt besonders im Mangelfach viel Zeit investieren und streichen dafür Hobbys.

Wenn dein Kind in diesem Bereich allerdings besonders erfolgreich war, dann fühlt sich das an wie eine Bestrafung: »Ich bin so schlecht, deshalb darf ich keinen Spaß mehr haben.« Achte deshalb darauf, welche Aktivitäten du einschränkst. Für dein Kind sind Erfolgserlebnisse außerhalb der Schule sehr wichtig!

59. Freizeitstress vermeiden

Besonders in Großstädten sind sie bekannt: Helikoptereltern! Sie meinen es einfach zu gut mit ihrem Kind. Hier noch ein Förderkurs, da noch ein Sportverein: Jedes zweite Kind zwischen zehn und zwölf Jahren soll bereits unter Freizeitstress leiden.

Laut Entwicklungspsychologin Quaiser-Pohl genügen deshalb zwei Nachmittage pro Woche, an denen dein Kind seinen Hobbys nachgeht.[8] Falls ihr nun zugunsten besserer Noten Aktivitäten streichen müsst, berate dich mit deinem Kind, was es besonders anstrengt. Auf diese Weise lernt es Prioritäten zu setzen und auf sein Stresslevel zu achten.

Motivationskiller: Wie du diese vermeiden kannst

60. Vergleiche nicht zwischen Gleichaltrigen

»Dein Bruder hat das in deinem Alter schon gekonnt.« Sätze dieser Art fallen in der Familie häufig und rauben deinem Kind jeden Elan. Kinder unterscheiden sich in ihrem Lernstil und entwickeln ihre Stärken mehr oder weniger nach Plan. Das Schöne dabei ist, dass sie sich gegenseitig unterstützen können! Egal, ob zwischen Geschwistern,

8 vgl. Gentner (2016).

Klassenkameraden oder dem »Durchschnittskind« aus dem Lehrbuch: Mach dein Kind nicht zum Objekt, indem du es generalisierst. Bewundere und fördere stattdessen seine einzigartige Persönlichkeit.

61. Dein Kind ist keine Kopie deiner selbst

Da Anne sehr gern malt, hat sie ihren Sohn schon früh mit Pinsel und Farbe ausgestattet und in viele Ausstellungen mitgenommen. Trotzdem bringt er im Kunstunterricht nur mittelmäßige Leistungen nach Hause und fasst momentan keinen Pinsel mehr freiwillig an. Seit Neuestem befasst er sich stattdessen ausgiebig mit Gesetzestexten und möchte später Anwalt werden.

Eventuell rebelliert Annes Sohn mit seinem Verhalten gegen die Erwartungen seiner Mutter und erkämpft sich dadurch mehr Selbstbestimmung und Gestaltungsfreiheit. Wenn Anne ihm den Freiraum lässt, kann es gut sein, dass ihr Kind sich später wieder ganz ausgiebig der Kunst widmet: Aber diesmal freiwillig!

62. Bei Kritik niemals persönlich werden

»Du bist so ein Schludrian. Schreib doch mal ordentlich!«, flucht Rebecca bei der Hausaufgabenkontrolle. »Achte bitte beim nächsten Mal auf ein besseres Schriftbild. Das könnte ordentlicher sein.«

Klar, kritisiert zu werden, tut immer weh. Doch was ist deiner Meinung nach das bessere Feedback? Richtig ist die zweite Aussage, denn Kritik sollte niemals auf die Persönlichkeit deines Kindes abzielen. Egal, wie sehr dich seine Nachlässigkeit, Schüchternheit oder Frechheit manchmal nerven: Du kannst die Persönlichkeit deines Kindes spätestens ab dem dritten Lebensjahr nicht mehr ändern.

Von der extrinsischen zur intrinsischen Motivation

Anne und Rebecca haben unterschiedliche Strategien, um ihr Kind zum Lernen zu bewegen. Wenn Annes Sohn eine gute Note bekommen hat, darf er sich eine Kleinigkeit in der Süßigkeitenabteilung aussuchen. Das Preislimit sollte dabei unter fünf Euro liegen. Rebecca hingegen belohnt ihre Tochter nicht für gute Noten, sondern unterstützt sie durch Lernspiele und interessiertes Nachfragen: »Worum ging es denn in dem Test? Und warum hat dich das interessiert?«

Rebecca sorgt dafür, dass ihre Tochter aus innerem Antrieb und Freude an der Sache lernt. Sie fördert in ihrer Tochter, was Psychologen als «intrinsische Motivation« bezeichnen. Solange ihrer Tochter das Lernen Spaß bereitet, braucht sie keine Anreize von außen.

Anne verstärkt hingegen die »extrinsische Motivation« ihres Sohnes, indem sie ihn mit Belohnungen lockt. Das Problem: Das Lernen selbst reizt ihren Sohn nicht. Er arbeitet Aufgaben ohne Emotionen ab. Wenn ein Kind jedoch den Sinn einer Aufgabe nicht versteht, droht es Gelerntes auch schnell wieder zu vergessen.

Deshalb sollte die intrinsische Motivation beim Lernen immer dominieren. Wie und wann du am besten lobst und wann Belohnung okay sind, erfährst du in den folgenden zehn Tipps.

Wie man sein Kind richtig lobt und belohnt

63. Hochloben hilft nicht

Manch eine Mutter denkt, dass ihr Kind das Intelligenteste oder Schönste ist. Diese Ansichten gegenüber dem Sprössling zu äußern, wirken jedoch alles andere als motivierend auf ihn.

Zu diesem Schluss kam eine amerikanische Langzeitstudie mit 400 Grundschülern[9]. Zehnjährige lösten in dem Motivationsexperiment ein Puzzle und wurden anschließend auf unterschiedliche Art gelobt: Einige wurden für ihre Intelligenz gelobt und andere für ihre Bemühungen. Danach bot man ihnen eine schwierigere Aufgabe an. Jene, die für ihre Bemühungen gelobt wurden, machten sich sofort an die Arbeit. Die hochgelobten Intelligenzbestien waren jedoch nur halb so motiviert. Schließlich hatten sie ja schon die Anerkennung, die sie wollten: Warum sollten sie sich dann noch bemühen? Die Angst, bei der nächsten Aufgabe zu versagen, war einfach viel zu groß. Achte deshalb ganz genau darauf, wie du lobst.

---

9 Die amerikanische Motivationspsychologin Carole Dweck untersuchte in einer Studie an der Stanford-Universität, ob Herausforderungen auf 10-Jährige eher motivierend oder demotivierend wirken. Dazu ließ sie sie Puzzle verschiedener Schwierigkeitsgrade lösen. (vgl. Dweck 2006).

64. Lobe lieber weniger als mehr

Man könnte nun meinen: Besser zu viel loben als zu wenig. Dem ist aber nicht so. In der gleichen Studienreihe kam heraus, dass selbst Kinder, die überhaupt kein Lob erhalten hatten, sich eher an schwierige Aufgaben herantrauten als die Hochgelobten. Komisch, oder?

Eigentlich nicht. Denk mal an den minutenlangen Applaus am Ende eines Theaterstückes: Die Schauspieler auf der Bühne arbeiten stundenlang für diesen einen Moment. Bliebe der Applaus aus, dann wären sie umso motivierter, bei der nächsten Vorführung noch einen Draufzusetzen. Erst wenn bei einer Reihe von Vorführungen der Applaus ausbleibt, sacken sie demotiviert in sich zusammen.

Genauso ist das auch mit deinem Kind: Es kommt auf die richtige Balance an.

65. Lobe authentisch

»Toll, wie du diese Aufgabe gelöst hast«, freut sich die Mutter. Ihr Sohn schaut sie unglaubwürdig an: »Beruhig dich mal! Ich habe doch nur die Spülmaschine ausgeräumt.«

Ein weiterer Grund, warum andauerndes Loben kontraproduktiv sein kann, ist die Glaubwürdigkeit. Stell dir vor, ein Theaterstück wird alle fünf Minuten durch Klatschen unterbrochen: Die Schauspieler würden das Lob des Publikums nicht mehr ernst nehmen oder denken, es sei ziemlich leicht zu haben.

Selbst wenn die Mutter also ehrlich begeistert über die Leistung ihres Sohnes ist, eine Spülmaschine auszuräumen, verliert sie in den Augen ihres Sprösslings an Ansehen.

66. Lass dein Kind Experte sein

Überlege dir, was dein Kind besser kann als du und lass es auf diesem Gebiet Experte sein. Kann es dir vielleicht dein neues Smartphone einrichten, weil es technisch begabter ist? Hat es etwas in der Schule gelernt, das du besser verstehen möchtest; zum Beispiel wie ein Ameisenhügel entsteht oder wie man Seife herstellt? Eventuell kennt es 20 Dinosaurierarten oder zehn italienische Fußballspieler beim Namen?

Gib deinem Kind möglichst oft die Gelegenheit, mit seinem Wissen und seinen Fähigkeiten zu glänzen!

67. Kleine Belohnungen zur rechten Zeit geben

Dein Kind nicht mit Belohnungen zu überschütten und nicht leistungsorientiert zu sein, ist an sich keine schlechte Einstellung. Allerdings könnte es zum Problem werden, wenn andere Kinder im gleichen Alter für gute Noten Geschenke einheimsen und dein Kind dafür jedes Mal nur ein Lächeln kassiert.

Ähnlich wie bei der Höhe des Taschengeldes orientiert sich dein Kind an der Gruppe und du solltest das auch tun: Lass es nicht zum Sonderling werden!

Die Studie von Lemos hat auch ergeben, dass es nicht nur akzeptabel, sondern sogar notwendig ist, dein Kind ab der vierten Klasse zusätzlich zur intrinsischen Motivation auch extrinsisch zu motivieren.[10] Das gelingt dir zum Beispiel durch gemeinsame Ausflüge. Belohnungen sollten jedoch niemals überhandnehmen, sonst sinkt laut der Studie der Lernerfolg wieder.

68. Hebe Charakterstärken hervor

»Ach, bist du ungeduldig!«, stöhnt Papa, während er seinem Sohn bei den Hausaufgaben hilft. Nicht besonders motivierend, oder?

Niemand möchte gern auf seine Schwächen hingewiesen werden. Stattdessen gilt es, Charakterstärken hervorzuheben. Weißt du, welche Charaktereigenschaft bei deinem Kind besonders ausgeprägt ist? Ist es vielleicht besonders neugierig, geduldig oder hilfsbereit? Der Lernstile-Test in diesem Buch kann dir bereits einige Hinweise geben. Im Internet finden sich weitere Persönlichkeitstests für Eltern und Kinder, die dir helfen, die Charakterstärken deines Kindes herauszufinden.

69. Nutze die Sandwichmethode

»Du bist schon fertig mit der Aufgabe? Toll, das ging ja richtig schnell! Schau noch mal hier, da sind noch einige Flüchtigkeitsfehler. Könntest du die noch verbessern? Das finde ich super, dass du so fleißig bist.« – Hast du

10 vgl. Lemos; Veríssimo 2014.

es bemerkt? Da wurde jemandem ein frisches, duftendes Sandwich serviert, aber beim Hineinbeißen zeigte sich ein dezenter, bitterer Geschmack: Eine Olive oder eine andere ungeliebte Zutat.

Gemäß der Sandwich-Methode sollte man Kritik in Komplimente hüllen, wobei die erste Brotscheibe ein konkretes Lob ist, dann kommt die Kritik und in der zweiten Brotscheibe wartet ein allgemeines Lob. Die Kritik wird auf diese Weise leichter verdaulich. Aber Vorsicht: Wenn du es mit der Sandwich-Methode übertreibst, kommt dein Kind schnell dahinter! Streue ihm die »Oliven« deshalb nur sparsam ins Essen.

Kontrolle abgeben und Eigeninitiative fördern

70. Nicht zu viel kontrollieren

Lea lässt sich jeden Tag um 17 Uhr von ihren zwei Söhnen die Hausaufgaben überreichen. Vorher sammelt sie deren Smartphones ein, damit sie keinen Ablenkungen ausgesetzt sind. Lea kontrolliert die Ergebnisse der Hausaufgaben, falls es noch Fehler gibt, hilft sie bei der Korrektur. Spätestens um 18 Uhr dürfen die Söhne zur Belohnung eine Stunde Medienzeit genießen, bevor das Abendessen fertig ist. Gut, oder nicht?

Umfangreiche Studien der letzten Jahre haben ergeben, dass elterliche Kontrollen eher kontraproduktiv sind, da sie den Fokus auf die möglichen Fehler legen und bei deinem Kind Stress erzeugen. Schenke deinem Kind Vertrauen und lass es selbst seinen Weg finden!

71. Möchten statt müssen

»Müssen, müssen, müssen! Immer muss ich alles!« Hinter dieser kindlichen Trotzreaktion steckt ein Stück Wahrheit. Kinder müssen in der Schule still sitzen, Pausenzeiten beachten und tun, was der Lehrer sagt. Dann kommen sie nach Hause, müssen Hausaufgaben machen und im Haushalt helfen. Das Wörtchen »müssen« kann deshalb viel Wut auslösen. Wie wäre es, wenn du stattdessen Fragen formulierst: »Wolltest du nicht für den Vokabeltest lernen?« Wenn auch das nicht hilft, dann biete deine Hilfe an und betone, wie sehr du dich darüber freuen würdest. So schaffst du Verbundenheit.

72. Engagement fördern

Stolz erzählt der sechsjährige Leon seiner Oma am Telefon von seiner letzten guten Tat: »Ich habe meine Puzzles an das Heim für Geflüchtete gegeben. Die Kinder dort brauchen das mehr als ich. Ich habe schon so viele Spielsachen.« Beeindruckt von seiner Selbstlosigkeit, lobt ihn die Oma: »Das war aber reif von dir.« Anderen Gutes zu tun zaubert ein wohliges, warmes Gefühl in die Brustgegend. Ob Windeln wechseln für das kleinere Geschwisterkind, Staubsaugen für die Eltern oder ein Kuchen für die Nachbarin: All das sind wichtige Lektionen in Sachen Empathie, die deinem Kind das Gefühl geben, selbstwirksam zu handeln.

KAPITEL 5

Wie dein Kind konzentriert lernt

Nur Kinder mit einer guten Konzentrationsfähigkeit können sich an Gelerntes erinnern und schulische Erfolge erzielen. Konzentration bedeutet, seine Aufmerksamkeit auf ein vorgegebenes Ziel zu richten und sich nicht ablenken zu lassen.

Das Gehirn kann dafür wie ein Muskel trainiert werden: Konzentrationsübungen beginnen bereits kurz nach der Geburt, wenn das Neugeborene den Blickkontakt zur Mutter hält. Seine Aufmerksamkeitsspanne reicht dann höchsten fünf Minuten. 7-Jährige können sich bereits durchschnittlich 15 Minuten lang konzentrieren, bis zum 14. Lebensjahr sind dann Zeitspannen von etwa 30 Minuten möglich.[11] Bedenkt man, dass eine Schulstunde 45 Minuten dauert und Erstklässler bereits durchschnittlich vier bis fünf Stunden pro Tag Unterricht haben, ist ein Wippen und Zappeln gar kein Wunder. Ihre Konzentrationsfähigkeit wird damit ziemlich strapaziert. Diese sechs Tipps helfen deinem Kind, im Schulalltag fokussiert zu bleiben.

11 vgl. Stangl (2021)

Rahmenbedingungen für das konzentrierte Lernen schaffen

73. Ausreichend schlafen

Wer kennt das nicht? Das Kind möchte länger aufbleiben und hängt dafür in der Schule durch. Was Schlafzeiten angeht, solltest du bei Kleinkindern konsequent sein. Ein sechsjähriges Kind braucht noch circa elf Stunden Schlaf und sollte nicht nach 21 Uhr zu Bett gehen. Mit zwölf Jahren können neun Stunden Schlaf ausreichend sein.

Ob jemand eher ein Früh- oder ein Spätaufsteher ist, entscheiden übrigens die Hormone. Laut einer Studie sind Sechsjährige noch überwiegend »Lerchen«, die ihre höchste Konzentration in den Morgenstunden erreichen. Mit 12 bis 17 Jahren sind die Hälfte aller Schüler Morgenmuffel: Für sie hilft auch frühes Zubettgehen nicht, sie sind einfach erst später müde und können sich nachmittags am besten konzentrieren. Eine Schule, die ab der sechsten Klasse später beginnt, wäre ideal für sie.[12]

---

12 vgl. Schnur (2017)

74. Schon vor der ersten Stunde bewegen

Schnell anziehen, frühstücken, im Auto zur Schule, auf die Plätze, still sitzen und lernen! Stressig und ziemlich undynamisch beginnt für viele Grundschulkinder der Tag. Nach der ersten großen Pause geht es dann schon besser mit dem Lernen.

Wenn Kinder sich austoben, lassen sie überschüssige Energie frei. Davon haben sie eine ganze Menge! Die erste Stunde ist vielleicht weniger ermüdend, wenn sie mit Sport beginnt oder die Lehrkräfte viele Bewegungsspiele machen. Falls der Tag doch mal mit einer statischen Mathestunde beginnt, dann könnte die Konzentration deines Kindes schon davon beflügelt werden, mit dem Fahrrad statt mit dem Auto zur Schule gefahren zu werden oder eine längere Strecke zu laufen.

75. Ruhige Lernumgebung schaffen

Um konzentriert zu lernen, sollte im Normalfall weder Musik noch ein Fernseher im Hintergrund laufen. Selbst ein ausgeschaltetes Smartphone oder Tablet in Reichweite kann die Kleinen von ihrer eigentlichen Aufgabe ablenken. Der Arbeitsplatz sollte immer aufgeräumt sein und der Kopf frei von Sorgen oder Stress.

76. Mediennutzung einschränken

Lernvideos und Lernspiele oder Online-Unterricht können an sich sehr hilfreich sein, denn sie fördern die Selbstständigkeit und Medienkompetenz der Kleinen. Immer mehr Studien bestätigen jedoch die gesundheitsschädigende Wirkung von zu viel Bildschirmzeit, darunter auch Konzentrationsstörungen.

Die Aufmerksamkeitsdefizit-Hyperaktivitätsstörung, kurz ADHS, gehört aktuell zur häufigsten psychischen Erkrankung von Kindern und Jugendlichen zwischen 3 und 17 Jahren. Circa fünf Prozent sollen betroffen sein.[13] Wissenschaftler begründen diese Entwicklung hauptsächlich mit einer gesteigerten Mediennutzung.[14] Noch mehr als durch das Fernsehen droht mit der Internetnutzung viel Ablenkung durch Werbung, die neusten Social-Media-Posts oder aufpoppenden Nachrichten. Dieses Multitasking ist für das kleine Gehirn deines Kindes so anstrengend, dass es auch abends nicht mehr abschalten kann. Laut einer Studie schlafen Kinder, die vier Stunden am Tag vor einem Bildschirm verbringen, im Durchschnitt nur noch 7,4 Stunden.[15]

Stelle deshalb altersgerechte Regeln für die Mediennutzung auf: Sechs- bis neunjährige sollten nicht mehr als eine Stunde am Tag an Smartphone, Tablet und Co. verbringen. Erkundige dich auch unbedingt über Kinderschutz-Apps und Limit-Einstellung.

---

13 Schlack (2007).

14 Zu diesem Ergebnis kam die sogenannte BLIKK-Studie der Bundesrepublik Deutschland im Jahr 2017 (vgl. äin-red 2017).

15 vgl. Trauner (2019)

77. Handschrift üben

Wenn dein Kind eine »Sauklaue« hat, dann ist das oft ein erstes Zeichen dafür, dass es sich während des Schreibens nicht ausreichend konzentriert. Wenn du nicht früh genug intervenierst, indem du seinen Fokus auf sauberes Schreiben lenkst, wird es in höheren Klassenstufen durch weitere Konzentrationsschwächen wie Rechtschreib- und Rechenfehler auffallen.

Wählt beispielsweise verschiedene Schriften, die ihr nachahmen möchtet. Wer ist der bessere »Fälscher«? Auch das Abzeichnen von Bildern wirkt sich positiv auf Handschrift und Konzentration aus. Probiert verschiedene Stifte und Papiere aus; Füller, Bleistift, Fineliner oder Kugelschreiber? Kariertes, liniertes, dickes, dünnes oder blankes Papier?

78. Mit Augentraining beginnen

Wenn doch mal länger am Computer gearbeitet oder ein längerer Text gelesen werden muss, werden die Augen schnell müde. Ohne dass wir das merken, scannen wir beim fokussierten Blick auf den Bildschirm oder ins Buch ununterbrochen die Umgebung. Das strengt das Gehirn so an, dass die Augen müde werden und die Konzentrationsfähigkeit nachlässt.

Achte deshalb darauf, dass dein Kind regelmäßig aufschaut, um seinen Blick auf etwas anderes zu fokussieren. Dabei sollte zwischen nahen und fernen Objekten gewechselt werden. Besonders beruhigend wirkt das Grün eines Baumes. In kurzen Pausen können die Augen geschlossen werden.

Eine Massage von Augen und Stirn dazu und dem konzentrierten Lernen steht nichts mehr im Wege.

Konzentration mit Lernpausen steigern

»Ich kann nicht mehr!«, jammert das Kind während der Schulaufführung, bei den Hausaufgaben oder während eines Films. Die Eltern wundern sich: Wir sitzen doch hier erst 20 Minuten, für uns hat es gerade erst angefangen und schließlich wollen wir fertig werden.

Da Kinder sich noch nicht so lange konzentrieren können wie Erwachsene, brauchen sie auch mehr Pausen. Nach 30 Minuten Aufmerksamkeit empfehlen Experten eine Pause von fünf Minuten. Wie du die Pausen am effektivsten nutzt, erfährst du in den folgenden fünf Tipps.

79. Lernt nach der Pomodoro-Technik

Wenn mal mehr als 30 Minuten Lernen anstehen, hilft die Pomodoro-Technik! Pomodoro ist italienisch für Tomate und der Name der Küchenuhr, die der italienische Erfinder Francesco Cirillo[16] während seines Studiums zum Lernen nutzte.

Das Stellen der Küchenuhr half ihm, mit dem Lernen zu beginnen und das Ticken der Uhr erinnerte ihn, aus-

16 Cirillo (2013)

reichend Pausen einzulegen. Sein idealer Lerntag sah so aus: 25 Minuten lernen, 5 Minuten Pause machen und nach vier Pausen eine längere Pause von 15 Minuten einlegen. Für einen Erstklässler wäre der Ablauf entsprechend: 15-5-15-5-15-5-15-5-15-20. Die vier kleinen Pausen könnt ihr dazu nutzen, jeweils eine Tomatenscheibe zu essen.

80. Pausen für Bewegung nutzen

In der Pause greift Tobias nach dem Smartphone. Eine Runde mit den Freunden spielen oder seine neuesten Nachrichten lesen, bringt ihn runter, denkt er.

Leider kann der Kopf nicht abschalten, wenn er sich in den Pausen auf einen Bildschirm fokussiert. Stattdessen sollte Tobias die Pause für kurze Bewegungsübungen nutzen: zum Beispiel Hampelmann oder Seilspringen. Eine Dartscheibe oder ein kleiner Basketballkorb im Kinderzimmer kann ebenfalls sinnvoll sein. Für ältere Kinder mit weniger Bewegungsdrang hilft auch Musikhören und Singen.

81. Pausen zum Kritzeln nutzen

Mandalas, Doodlen oder Scribbeln – also Ausmalen und Zeichnen – sind ebenfalls sehr sinnvolle Pausenbeschäftigungen, für die man noch nicht einmal aufstehen muss. Wenn es dein Kind nicht zu sehr ablenkt und erlaubt ist, kann es auch kritzeln, während es längeren Erklärungen folgt oder ein längeres Lernvideo sieht. Für Logiker bieten sich auch Sudokus an.

82. Kurze Konzentrationsübungen machen

Nicht immer ist es möglich, nach 15 Minuten aufzustehen oder im Kinderzimmer zu toben.

Deshalb gibt es Konzentrationsübungen, die auch am Schreibtisch ausgeführt werden können. Beispielsweise können sich die Batterien deines Kindes wieder aufladen, wenn es seine Hände aneinanderreibt, bis sie warm werden und sich anschließend auf die Augen legt. Das sorgt für Entspannung. Eine weitere gute Übung ist, mit dem rechten Daumen jeden Finger der gleichen Hand anzutippen. Danach ist die linke Hand dran. Schafft dein Kind auch beide Hände parallel?

83. An die frische Luft gehen

Manchmal muss man einfach mal ordentlich das Zimmer durchlüften, ein anderes Mal genügen fünf Minuten auf dem Balkon oder im Hof, oft muss es auch ein längerer Spaziergang sein, der die Batterien deines Kindes wieder voll auflädt.

Wusstest du, dass das Gehirn nur 2 % des Körpergewichts ausmacht, aber es 20 % des gesamten Sauerstoffs benötigt? Durch Bewegung an der frischen Luft wird ausreichend Sauerstoff ins Gehirn gepumpt.

Die richtige Ernährung fürs Gehirn

So wie ein Computer Strom benötigt, um zu funktionieren, muss das Gehirn zum Lernen mit den richtigen Nährstoffen versorgt werden. Vitamine, Omega 2-Fettsäuren, komplexe Kohlenhydrate und Eiweiße sollte dein Kind über den Tag verteilt einnehmen, um seine Gehirnleistung auf Hochtouren zu bringen. In welchen Lebensmitteln sich die nötigen Nährstoffe finden und wann dein Kind sie zu sich nehmen sollte, erfährst du in den folgenden fünf Tipps.

84. Genug Zeit für ein Frühstück einplanen

Die siebenjährige Leonie schiebst sich auf dem Weg zur Schule schnell noch eine Banane oder einen Müsliriegel rein. Ihr Freund Tim bekommt von seiner Mama etwas Geld in die Hand gedrückt und kauft sich auf dem Weg selbst etwas; natürlich meistens Süßigkeiten oder Chips.

So wie Leonie und Tim geht es vielen Schulkindern: Die Eltern haben morgens zu viel Stress, um ein gemeinsames Frühstück einzunehmen. Das Beisammensein ist aber besonders am Morgen sehr wichtig! Eltern nehmen eine Vorbildfunktion ein und auch Essrituale schaffen Sicherheit.

Laut Experten sollten Kinder auf ein Frühstück niemals verzichten. Obst, Müsli, Nüsse oder ein Vollkornbrot mit Käse helfen, voller Energie in den Tag zu starten. In der Kita oder Schule darf dann gerne noch ein zweites Frühstück eingenommen werden. Doppelt hält besser!

85. Gesunde Snacks für zwischendurch

Nicht nur Bewegung und frische Luft, sondern auch die sogenannte Nervennahrung sollte in Lernpausen niemals fehlen. Als kleine Snacks bieten sich Nüsse, Obst und Gemüse an. Besonders starke Energielieferanten für zwischendurch sind Walnüsse, Paranüsse, Paprikas und Bananen. Diese sollten in keiner Brotbüchse fehlen. Traubenzucker und Süßigkeiten sollten hingegen weggelassen werden, da sie nur etwa 20 Minuten Energie liefern, bevor die große Müdigkeit einsetzt.

86. Kohlenhydrate für die große Pause

Die beste Mahlzeit für die große Pause ist ein reichlich mit Schinken, Frischkäse und Tomaten belegtes Vollkornbrot. Auch Vollkornreis und Kartoffeln liefern genügend Energie, um das Mittagstief zu überwinden.

Nach dem Mittagessen sollten übrigens keine schwierigen Aufgaben mehr angegangen werden, da das Gehirn nun am wenigstens aufnahmefähig ist.

87. Ausreichend trinken

All das gute Essen hat wenig Wirkung, wenn es nicht durch ausreichend Flüssigkeit begleitet wird.

Der menschliche Körper besteht zu mehr als 70 % aus Wasser. Wenn der Wassergehalt sinkt, kann das Gehirn nicht mehr schnell genug mit Nährstoffen versorgt werden und die Konzentration sinkt. Vier- bis zehnjährige Kinder sollten 900 bis 1.000 ml am Tag trinken, das entspricht etwa vier Wassergläsern. Am besten gibst du deinem Kind eine 500-ml-Wasserflasche mit in die Schule.

Am Morgen darf es gern ein Glas Milch oder ein Fruchtsaft sein; ansonsten sind ungesüßte Tees eine gute Alternative zu Leitungswasser.

88. Mäkeleien überwinden

»Bäh, ich esse nichts Gesundes!« Mäkelphasen deines Kindes kannst du überwinden, indem du das Essen schmackhaft zubereitest. Obst und Gemüse sollten für die Brotdose geschnitten werden, auch das Vollkornsandwich isst sich am besten in kleinen Portionen.

Du kannst den Appetit deines Kindes auch anregen, indem ihr gesunde Zutaten wie Salate und Kräuter auf dem Balkon oder der Fensterbank anbaut. Allgemein solltest du dein Kind mitbestimmen lassen, was es gern in der Brotdose haben möchte. Meist ist Abwechslung nötig! Zu guter Letzt wird dein Kind gesunde Zutaten nur lieben lernen, wenn du das auch tust.

Fünf Konzentrationsübungen

Wörter zählen	Lauscht einem Hörbuch und zählt, wie oft ein bestimmtes Wort vorkommt. Zum Beispiel die Wörter »nicht« und »aber«. Wer hat richtig gezählt?
Alles ist »ieh«	Kennst du das alte Kinderlied von den drei Chinesen? So ähnlich funktioniert dieses Spiel: Benutzt für einige Minuten beim Sprechen nur noch den Vokal »i«, wechselt dann zum Vokal »o«, bis ihr alle Vokale durchgespielt habt. Lachkrämpfe sind vorprogrammiert!
Realität nachzeichnen	Schaut euch für eine Minute einen Gegenstand im Raum möglichst detailliert an. Prägt euch jedes Detail ein. Dreht euch vom Gegenstand weg und zeichnet ihn mit möglichst vielen Details.
Zahlen in die Luft zeichnen	Malt mit der rechten Hand eine Null in die Luft und mit der linken Hand eine Acht. Probiert nun parallel die Acht und die Null zu zeichnen. Übt so lange, bis ihr gut darin seid.
Der Yoga-Baum	Stellt euch hüftbreit auf eine Matte. Fokussiert einen Punkt an der Wand. Atmet ein, bringt die Hände vor die Brust und legt einen Fuß am Oberschenkel oberhalb des Knies ab. Wenn nichts mehr wackelt, hebt eure Arme in die Höhe.

KAPITEL 6

Die richtige Lernumgebung für dein Kind

Vielleicht hast du im vorherigen Kapitel schon gelesen, dass die richtige Lernumgebung einen wichtigen Faktor beim konzentrierten Lernen darstellt: Ordentlich und möglichst ruhig soll sie sein. Muss es dabei aber immer der Schreibtisch im Kinderzimmer sein? Wie sollte das Kinderzimmer gestaltet sein? Welche Materialien sind anregend und was lenkt besonders ab?

Das Thema ist so vielschichtig und umfangreich, dass ihm ein eigenes Kapitel gebührt. Die folgenden zwölf Tipps sollen dich beim Suchen und Finden der perfekten Lernumgebung unterstützen.

Die Wahl der richtigen Möbel

89. Kaufe rückenfreundliche Möbel

Die Möbel im Klassenraum sind nicht selten unbequem und die Schultasche zu schwer. Deshalb haben bereits rund die Hälfte aller Grundschulkinder in Deutschland Haltungsprobleme.

Um ernsthaften Rückenleiden vorzubeugen, bieten sich für zu Hause ergonomische Möbel zum Mitwachsen an. Die Anschaffung ist zwar teurer, dafür begleiten sie dein Kind bis zum Schulabschluss. Meist sind sie nachhaltiger und hochwertiger hergestellt als herkömmliche Kindermöbel. Ein geeigneter Kindersitz muss keine Lehne besitzen, wichtiger ist, dass dein Kind sich auf ihm ausreichend bewegen kann: Kippeln und Wippen ist erwünscht! Das regt die Durchblutung an. Der Schreibtisch sollte nicht nur höhenverstellbar, sondern auch neigbar sein. Dein Kind sollte mit beiden Füßen fest auf dem Boden aufkommen, den Bodenhaftung schafft Ruhe und Sicherheit.

90. Möbel gemeinsam aussuchen

Damit dein Kind sich möglichst viel im eigenen Zimmer aufhält, solltest du ihm keine Farben und Formen aufdrängen, die ihm nicht gefallen.

Findet während einer gemeinsamen Shoppingtour die beste Ausstattung zum Wohlfühlen und für gesundes Lernen. Wenn du deinem Kind gute Begründungen lieferst, lässt es sich bestimmt von bequemeren Möbeln überzeugen.

Auch die Raumgestaltung könnt ihr gemeinsam vornehmen. Dabei sind nur einige Dinge zu beachten; der Schreibtisch sollte nicht direkt vor der Wand stehen. Ein seitlicher Blick zur Tür und eine Nähe zum Fenster sind meistens besser. Ändert ruhig ab und zu die Position im Raum. Es dauert eine Weile, bis alles seinen festen Platz gefunden hat.

Die Schultasche

91. Wähle die richtige Schultasche

Dein Kind trägt täglich Bücher, Hefte, Pausenbrote, Wasserflasche und Sportsachen zur Schule. Es bewegt sich weniger als noch im Kindergarten. Sobald es vornübergebeugt läuft oder über taube Finger klagt, solltest du unbedingt die Beschaffenheit seiner Schultasche prüfen.

Tatsächlich existiert in Deutschland eine sogenannte Schulranzen-Norm. Demnach sollte dein Kind nicht mehr als 10 % seines Körpergewichts mit sich rumtragen; wiegt dein Kind 30 Kilogramm, dann ist eine Schultasche von bis zu drei Kilo akzeptabel. Noch wichtiger ist allerdings die richtige Form des Ranzens. Die Tasche sollte eng am Rücken liegen, auf beiden Schulterblättern sitzen und über dem Gesäß enden. Weiterhin sollten die Schulter- und Brustgurte gepolstert und die Träger verstellbar sein.

92. Schultasche richtig packen

Selbst die Leichtgewichte unter den Schultaschen wiegen leer circa ein Kilo. Überprüfe deshalb, dass dein Kind nur jene Bücher und Hefte einpackt, die es wirklich braucht! Am besten überprüft ihr am Vorabend den Stundenplan und befreit jetzt schon die Tasche von unnötigem Material. Eventuell kann dein Kind Bücher mit einem Sitznachbarn teilen. Schwere Bücher sollten möglichst nah am Rücken und Hefte weiter vorn positioniert werden. Auf diese Weise zieht das Gewicht dein Kind nicht nach unten.

Alle Bücher, die es nicht für die Hausaufgaben braucht, sollte dein Kind in den von seiner Schule angebotenen Fächern oder Spinden lassen.

Der Arbeitsplatz

93. Es werde Licht

Einige Kinderzimmer sind gemütlich, aber nicht funktional. Andere sind funktional, aber es fehlt ihnen an Gemütlichkeit. Um beides zu erzeugen, sind mehrere Lichtquellen das A und O.

Das Deckenlicht ist für eine angenehme Atmosphäre zuständig. Lampen aus Papier, Stoff oder Bambus erzeugen gedämpftes Licht, das keine Kopfschmerzen bereitet. Jeweils eine Leselampe sollte auf dem Schreib- und dem Betttisch installieren werden. Zusätzlich können LED-Leuchten oder Lichterketten für die farbige Raumgestaltung genutzt werden.

94. Ruhe-Ecke schaffen

Weiße Wände, grelles Licht, karge Ausstattung – die Atmosphäre eines Großraumbüros hat im Kinderzimmer nichts suchen. Zur optimalen Raumnutzung braucht es Lern-, Schlaf-, Ruhe- und Spielinseln! Eine Couch oder ein Sitzsack sollte in jedem Kinderzimmer vorhanden sein. Die Ruhe-Ecke kann dein Kind aufsuchen, wenn es seine Batterien auftanken muss. Kleine Snacks, Wasserglas, Rätsel- oder Bilderbücher sorgen für die nötige Ablenkung.

95. Ordnung schaffen

Grelle Farben, bunte Bilder und flauschige Kuschelecken dürfen in einem Kinderzimmer vorhanden sein. Ein Drunter und Drüber an Spielsachen ist allerdings zu viel des Guten: Das schafft nur Chaos im Kopf.

Bevor es ans Lernen geht, sollte das Zimmer deshalb aufgeräumt werden. Spielsachen müssen außer Sichtweite sein, am besten hinter einer Schranktür. Der Boden sollte frei von Bausteinen sein, um Bewegungspausen zu ermöglichen und bei Bedarf alle viere von sich strecken zu können. Spielzeugboxen, Rollschränke, Becher für verschiedene Stiftarten und Briefablagen helfen deinem Kind, beim Lernen fokussiert zu bleiben.

96. Kauf ein Whiteboard

Ein Whiteboard eignet sich wunderbar, um mit Magneten die kommenden Ereignisse deines Kindes anzuheften: Wann findet die Exkursion ins Technikmuseum statt? Wann ist Franziskas achter Geburtstag? Auch Einkaufslisten, Witze, Zeichnungen oder motivierende Sprüche können auf einem Whiteboard kurzzeitig ihren Platz finden. In jedem Fall bietet es sehr viel mehr Übersicht und Struktur als eine Zettelwirtschaft auf dem Schreibtisch.

97. Lass Abwechslung zu

Manchmal kann der Bürostuhl noch so gemütlich sein: Am Ende sitzt das Kind doch auf dem Boden oder bei den Eltern im Wohnzimmer.

Besonders kleine Kinder bis zum zehnten Lebensjahr lieben es, auf dem Boden zu lernen. Ihre Körper sind noch sehr gelenkig und fühlen sich auf einem Teppich, der zum Räkeln und Strecken einlädt, einfach wohler. Auch draußen im Gras, auf der Schaukel und natürlich auf der Couch kann man sie beim Lernen finden. Gern suchen sie die Nähe von Erwachsenen oder lassen Musik laufen. Für dich mag das unmöglich aussehen, bei Kindern kann das die Nervenzellen aber erst so richtig aktivieren. Meist haben sie einen natürlichen Instinkt dafür, welche Körperhaltung und welche Räume für sie am besten funktionieren.

98. Stellt eine Lernkiste zusammen

Wenn dein Kind in den ersten Schuljahren zu Hause häufig die Lernorte wechselt, sind vielleicht öfter mal die Schreibutensilien in der Wohnung verteilt. Für Ordnung sorgt eine sogenannte Lernkiste.

In solch eine Kiste gehören Stifte, Schere, Kleber, Lineal, Wecker für die Pomodoro-Methode, kariertes und liniertes Papier. Zusätzlich bieten sich kleine Übungshefte an, die dein Kind sich jederzeit vornehmen kann. Um die Selbstständigkeit deines Kindes zu fördern, ist es nicht nur für das Ausräumen der Kiste verantwortlich, sondern sollte auch wöchentlich eine Aufgabenliste abarbeiten, beispielsweise zur Vorbereitung für eine Klassenarbeit oder zur Verbesserung bestimmter Lernbereiche.

99. Wochenplan anbringen

Zu einer ordentlichen Lernumgebung gehört auch ein Wochenplan. So hat dein Liebling die bevorstehenden Ereignisse immer im Blick und kann selbstständig daran arbeiten.

In einem Wochenplan sollten regelmäßige Kurse wie Fußball oder Karate genauso wie der Besuch bei der Oma und beim Arzt festgehalten werden. Ob Vokabeln lernen, den Hund füttern, Roller fahren oder DVD-Schauen: Mach keinen Unterschied zwischen Schulaufgaben, Hausarbeit oder Freizeitaktivitäten.

Je nach Alter deines Kindes, könnt ihr mit Bildern oder Stichpunkten eure Pläne auf farbigen Kartonkarten festhalten. Da es sich meistens um wiederkehrende Ereignisse handelt, könnt ihr die Karten jede Woche wieder benutzen und Stück für Stück ergänzen. Euer Wochenplan sollte sieben Zeilen für die Wochentage enthalten. Auch die Tageszeiten sollten aus dem Kalender hervorgehen. Ergänzen lässt sich das Ganze durch Datum, Monat, Jahreszeit oder Wettervorhersage. Orientiere den Kalender an den Lernbedürfnissen deines Kindes und begleite es bei der Umsetzung.

100. Mit Farben und Beschriftung arbeiten

»Warum ist Deutsch denn dieses Jahr grün?« Jedem Schulfach solltet ihr ab der ersten Klasse eine Farbe zuordnen. Frag dein Kind, welche Farbe es für welches Schulfach für geeignet hält. Zusätzlich könnt ihr mit Aufklebern die Schulhefte beschriften. Bleibt konsequent in eurer Farbzuordnung, damit dein Kind nicht durcheinanderkommt.

CHECKLISTE ZUR EINSCHULUNG

	✓
Schultasche	
Federtasche	
Füller und Patronen	
Tintenkiller	
Buntstifte	
Bleistifte	
Geodreieck und Lineal	
Schere und Kleber	
Anspitzer und Radiergummi	
Aufkleber für Hefte und Bücher	
Brotdose	
Trinkflasche	
Hefter	
Hausaufgabenheft	
Schreibhefte (liniert, kariert)	
Zeichenblock	
Pinsel und Wasserfarben	
Sporttasche und Sportkleidung	
Geldbörse	

Die von der Grundschule gewünschten Materialien können stellenweise von dieser Liste abweichen.

KAPITEL 7

Hausaufgaben – muss das sein?

»Ich stell sie so gut ich kann ganz weit hinten an.
Mach später irgendwannHausaufgaben!
Ich lass die Zeit vergehen, bye bye, auf Wiedersehn.
Hab nachher ein Problem.
Hausaufgaben!«[17]

Die Rapper von »Deine Freunde« wissen, wovon sie singen; wie wir alle kennen sie das Problem Hausaufgaben aus ihren vergangenen Schultagen. Das leidliche Thema kann bei manch einem Kind oder Erwachsenen zu Tobsuchtsanfällen führen. Doch warum werden Hausaufgaben überhaupt so häufig zum Ärgernis?

Problem Nummer 1 sind die Lehrer: Sie geben oft zu viele Hausaufgaben auf, die Aufgabenstellungen sind zu schwer zu verstehen und die Kinder sitzen nicht selten viel länger an ihnen als von den Richtlinien vorgegeben. Es gibt Richt-

17 Die Zeilen stammen auf dem Song »Hausaufgaben« der Kinder-Rapband »Deine Freunde«.

linien für Hausaufgaben? Ja, genau. Von vielen Städten und einigen Bundesländern wurden in den letzten Jahren vermehrt Hausaufgaben-Richtlinien herausgegeben, an denen sich Lehrkräfte orientieren sollen. In der 1. bis 2. Klasse hat ein Kind in Nordrhein-Westfalen beispielsweise nicht länger als 30 Minuten an seinen Hausaufgaben zu sitzen. Erkundige dich am besten bei der Schule nach den individuellen Vorgaben.

Problem Nummer 2 bezüglich der Hausaufgaben sind die Eltern. Ups! Laut einer Umfrage fühlen sich fast 50 % der 9- bis 13-jährigen von der Hausaufgabenhilfe ihrer Eltern überfordert. Nur 13 % der befragten Kinder glauben, wirklich auf die Hilfe ihrer Eltern angewiesen zu sein.[18] Viele Eltern meinen es anscheinend zu gut. Sie haben in ihrer Schulzeit noch die Erfahrung gemacht, dass mangelnde oder fehlende Hausaufgaben von Lehrkräften hart sanktioniert werden; es hagelt Sechsen, Klassenbucheinträge, Versetzungsgefahr und der Platz auf dem Gymnasium ist damit gefährdet – Stopp!

Die Schule ist heute nicht mehr dieselbe wie noch vor 20 Jahren. Pädagogen verstehen zunehmend, dass eine Einschränkung der kindlichen Freiheiten und harte Sanktionierungen Kinder nicht unbedingt »vernünftiger« machen. Wird ihnen mehr Raum zur Selbstbestimmung gelassen, hat das besonders langfristig sehr viel positivere Auswirkungen auf ihr Sozialverhalten.

In puncto Hausaufgaben können Eltern deshalb einfach mal die Füße hochlegen und das Kind machen lassen. Die folgenden zehn Tipps geben dir eine Idee, in welchem

18 Die Forsa-Umfrage wurde 2016 von skoyo mit 1010 Eltern und 503 Kindern zwischen 9 und 13 Jahren geführt.

Umfang und an welchen Stellen heute noch elterliche Hilfe angebracht ist.

Nützliche Rahmenbedingungen für die Hausaufgabenzeit schaffen

101. Erledigt Hausaufgaben zu festen Zeiten

Die Konzentration von Grundschulkindern ist sehr flüchtig, sie können schnell abgelenkt werden. So kann schnell mal eine Hausaufgabe in Vergessenheit geraten. Existiert hingegen täglich ein festes Zeitfenster, in dem die Hausaufgaben erledigt werden müssen, gibt es keine Ausreden mehr für vergessene Hausaufgaben.

Studien haben ergeben, dass die beste Zeit für Hausaufgaben zwischen 13 bis 16 Uhr liegt. Zwischen dem Mittagessen und den Hausaufgaben sollte mindestens eine Stunde vergangen sein: Ein voller Bauch studiert nicht gern, doch mit knurrendem Magen lernt es sich auch nicht gut. Der Blick ins Hausaufgabenheft oder auf den Wochenplan sollte für dein Kind eine Selbstverständlichkeit darstellen. Es sollte für bevorstehende Aufgaben möglichst früh selbst die Verantwortung übernehmen.

102. Platz frei für Hausaufgaben

Ablenkungen lauern für deinen Liebling überall: Ein chaotisches Zimmer, schreiende Geschwister oder ein laufender Fernseher können das Stresslevel deines Kindes strapazieren. Sorge deshalb dafür, dass in dem vorgegebenen Zeitfenster ausreichend Platz, Ruhe und Zeit für die Hausaufgaben gegeben sind. Dazu gehört auch, andere Verpflichtungen und Freizeitaktivitäten möglichst einzuschränken. Freizeitstress ist der Erzfeind jeder Hausaufgabe!

103. Hausaufgaben richtig aufteilen

Manche Aufgaben möchte dein Kind vielleicht eher ungern erledigen. Mit diesen solltet ihr nicht anfangen. Beginnt mit den Aufgaben, die bei ihm Interesse wecken. Erst im zweiten Schritt kann es sich dann den schwierigen oder ungeliebten Aufgaben stellen. Am Ende werden nur noch Aufgaben erledigt, die nicht so viel abstraktes Denken und Konzentration erfordern, wie das Abschreiben oder Auswendiglernen von Texten.

104. Ruhezeit einplanen

Wenn dein Kind doch mal völlig ausgepowert von Schule, Hort oder Fußballtraining kommt, sollte es sich erst mal ausruhen, bevor es sich durch die Hausaufgaben quält.

Ein Mittagsschlaf, ein Hörbuch, eine Stunde mit Bauklötzen spielen oder dreißig Minuten im Garten toben: Dein Kind weiß meistens selbst am besten, was es braucht, um wieder aufnahmefähig zu sein. Vermeide jedoch, dass es

Zeit vor dem Bildschirm verbringt. Fernsehen und Spielen mit Playstation, Apps und Co. sorgen zwar kurzzeitig dafür, dass dein Kind abschaltet, rauben ihm aber auf lange Sicht viel Energie. Diesen Aktivitäten kann es sich nach Erledigung der Hausaufgaben und am Wochenende widmen.

Wie du dein Kind bei den Hausaufgaben unterstützen kannst

105. Snacks und Getränke bereitstellen

Während Smartphones und Spielsachen in Sichtweite bei der Erledigung der Hausaufgaben für unnötige Ablenkung sorgen, kann eine Tasse Tee, ein Glas Saftschorle, ein Apfel oder eine Schale mit Nüssen das Denken nahezu beflügeln. Die Kau- und Schluckbewegungen regen die Nervenzellen an und die enthaltenen Vitamine und Mineralstoffe liefern zusätzliche Energie.

106. Benutze keinen Rotstift

Das Kind macht die Hausaufgaben und im Anschluss werden mit Rotstift die Fehler angestrichen. Wie demotivierend und beängstigend das sein kann, wissen wir wahrscheinlich alle noch aus der Schule!

Eine Studie zweier US-Soziologen[19] hat ergeben, dass Lehrpersonen, die Korrekturen mit Rotstift vornehmen, bei den Schülern besonders unbeliebt sind. Sehr viel beliebter sind hingegen solche, die zum Blaustift greifen. Grund dafür ist die Farbpsychologie: Rot wird mit Aggression verbunden und blau mit Wohlbehagen. Also einfach mal die Stifte austauschen!

107. Hausaufgaben nicht nachtelefonieren

Dein Kind schreibt Hausaufgaben so unordentlich in sein Hausaufgabenheft, dass es sie später nicht mehr entziffern kann. Manchmal trägt es sie am falschen Tag ein. Oder es vergisst ganz, die Hausaufgaben mitzuschreiben.

Besonders für Kinder mit kreativem Lernstil ist das Aufschreiben von Hausaufgaben keine Selbstverständlichkeit. Sie neigen zu Flüchtigkeitsfehlern und lassen sich schnell ablenken. Eventuell ist eine Sehschwäche auch der Grund, dass dein Kind die Aufgaben an der Tafel nicht gut lesen kann? Bespreche mit deinem Kind und eventuell auch mit Lehrern die Ursachen. Verhindere jedoch, die Hausaufgaben für dein Kind in Erfahrung zu bringen. Die Verantwortung für das Hausaufgabenheft sollte es allein tragen.

---

19 In der Studie von Dukes and Heather wurden 199 Studenten im Alter von durchschnittlich 21 Jahren an der University of Colorado getestet. Die Studenten erhielten fiktive Lehrer-Kommentare zu einer Arbeit über «soziale Schichten« (vgl. Dukes 2013).

108. Positive Einstellung zum Lernen zeigen

Dein Kind hat eine Frage zum Mathematikunterricht. Wenn du an deine eigenen Mathestunden denkst, sträuben sich deine Rückenhaare: »Tut mir leid. Aber da musst du selbst durch!«

Kommentare wie diese erzeugen in deinem Kind nur eine negative Einstellung zu dem Schulfach: »Mama und Papa können das nicht, warum muss ich das dann können?« Vermeide deshalb negative Kommentare zu Themen und Schulfächern. Zeig dich stets offen, Neues zu lernen: »Da bin ich mir gerade nicht sicher. Aber wir können das gern gemeinsam herausfinden.« Dein Kind kann dir zeigen, was es bisher weiß und falls ihr zusammen nicht weiterkommt, lest ihr euch noch einmal betreffende Seiten im Buch durch oder recherchiert weiterführendes Material im Internet.

109. Für Fragen verfügbar sein

Du meinst es wirklich gut und setzt dich während der Hausaufgaben neben dein Kind. Ihr geht die Aufgaben immer gemeinsam durch, du reichst ihm die passenden Stifte und Hilfsmittel, alles macht ihr zusammen. Super, oder?

Du solltest für Fragen und die gemeinsame Erforschung eines Themas offen sein. Schaut euch Videos an oder diskutiert Sachbereiche, wenn dein Kind das wünscht. Setz dich aber nicht von Anfang an neben dein Kind und kaue jede Aufgabe gemeinsam mit ihm durch. Ein Elternteil, der einem ständig über die Schulter schaut, erzeugt Druck und Unselbstständigkeit.

110. Kontakt zu Lehrern und Eltern aufnehmen

Hausaufgaben dienen der Wiederholung von Gelerntem. Kinder sollten sie zu Hause selbstständig ausführen können. Wenn du allerdings das Gefühl hast, dass die Aufgaben zu schwierig sind oder deinem Kind zu viel Freizeit kosten, solltest du dich mit anderen Eltern austauschen. Geht es auch anderen Kindern so? In diesem Fall sollten betreffende Lehrer konfrontiert werden: Eventuell sprechen sich Lehrer untereinander nicht ab und geben beispielsweise zu viele Aufgaben zum gleichen Tag auf. Möglicherweise benötigt dein Kind in einem Fach mehr Förderbedarf. Auch dann ist die Absprache mit einer Lehrkraft angesagt.

111. Angst nehmen, statt Druck aufzubauen

»Leider erzielt Ihr Kind nicht die erforderlichen Leistungen im Englischunterricht. Auch im Deutsch- und Sachunterricht kann es keine guten Ergebnisse vorlegen. Ein Hauptproblem liegt im Erledigen der Hausaufgaben. Nur wenn Sie dafür sorgen, dass Ihr Kind bis zum Jahresende regelmäßig seine Hausaufgaben abgibt, können wir von einer Nicht-Versetzung absehen!«

Nach dieser Schreckensnachricht eines Klassenlehrers sind sowohl von dem Kind als auch von seinen Eltern Wut und Tränen zu erwarten!

Trotz allen Kummers solltest du in solchen Situationen die Ruhe bewahren: Nimm deinem Kind die Angst vor schlechten Noten und vorm Sitzenbleiben! Es hat noch eine lange Schul- und Berufslaufbahn vor sich. Wenn du ihm das

Gefühl gibst, auf seiner Seite zu stehen und es unabhängig von guten Leistungen zu lieben, wird es seinen Weg finden.

112. Zu einer Schule ohne Hausaufgaben wechseln

Nur faule Kinder sind gegen Hausaufgaben? – Weit gefehlt! Bereits vor einige Jahren erschien das Buch »Hausaufgaben – Nein

Danke!« von Arnim Himmelrath.[20] Der Bildungsjournalist kam nach umfangreichen Recherchen zu dem Schluss, dass Hausaufgaben ungerecht und oft überflüssig sind.

Einzelne Lehrer und ganze Schulen in Deutschland verzichten aufgrund des aktuellen Forschungsstands zunehmend auf Hausaufgaben. In Waldorfschulen, Jenaplan-Schulen, der BIP-Kreativitätsschule oder der Laborschule Bielefeld gibt es nur wenige bis gar keine Hausaufgaben!

20 Himmelrath 2015

KAPITEL 8

Wie du Klassenarbeiten organisierst und locker bleibst

Noch so ein heikles Thema: Die Klassenarbeit! Sie dauert in der Regel 45 Minuten und behandelt den Stoff der letzten vier bis sechs Wochen. Das Resultat der Arbeit geht maßgeblich in die Halbjahresnote ein. Noten von 1 bis 6 gibt es allerdings frühestens in der zweiten Klasse, vorher gibt es schriftliche Beurteilungen. Was die Noten bedeutet, steht auf der nächsten Seite.

Wird die Arbeitsweise deines Kindes in der ersten Klasse als »sehr selbstständig und motiviert« beschrieben und ist sein Umgang mit gewissen Inhalten »sehr sicher«, dann entspricht das der Note 1. War dein Kind »nur manchmal« am Unterricht beteiligt und »sehr bemüht« dem Stoff zu folgen, dann besteht Förderbedarf, denn die Formulierungen deuten eher auf eine 4 bis 5 hin.

Sehr gut	**1**	Die Leistung entspricht den Anforderungen im besonderen Maße.
Gut	**2**	Die Leistung entspricht den Anforderungen voll.
Befriedigend	**3**	Die Leistung entspricht den Anforderungen im Allgemeinen.
Ausreichend	**4**	Die Leistung entspricht den Anforderungen im Ganzen, auch wenn Mängel feststellbar sind.
Mangelhaft	**5**	Die Leistung entspricht nicht den Anforderungen, lässt aber notwendige Grundkenntnisse erkennen.
Ungenügend	**6**	Die Leistung entspricht nicht den Anforderungen und lässt notwendige Grundkenntnisse nicht erkennen.

Vor der Klassenarbeit

Manche Kinder kommen schon bei der Vorbereitung einer Klassenarbeit ins Schwitzen. Wenn dein Kind an seinen eigenen Fähigkeiten in einem Schulfach zweifelt, äußert es sich eventuell abfällig über das Fach oder die Lehrkraft. Ein weiteres Zeichen für Prüfungsangst ist die sogenannte Aufschieberitis (Prokrastination). Was könnt ihr gegen die Angst vor Tests und Klassenarbeiten unternehmen? Hier folgen sechs Tipps.

113. Noten nicht zu ernst nehmen

»Unter einer 1 geht gar nichts!«, denken viele Eltern. Sie wollen nur das Beste für ihr Kind und sind früh panisch, dass Abitur und Universitätsabschluss ohne Bestleistungen gefährdet sein könnten.

Richtig ist, dass in Deutschland der »Numerus clausus« (kurz: NC) herrscht. Der Abiturdurchschnitt öffnet oder verwehrt demnach den Zugang für gewisse Studiengänge. Doch ein stringenter Karriereweg von Abitur – Studium – Beruf ist immer seltener und entspricht nicht mehr den Anforderungen unserer Lebenswelt. Die Berufswünsche deines Kindes dürfen sich bis zum Schulabschluss und darüber hinaus noch hundertfach ändern. Sieh die Grundschulzeit als eine Möglichkeit für dein Kind, seine Vorlieben zu entdecken und Fähigkeiten zu entfalten. Gib ihm dafür den nötigen Freiraum und nimm ruhig schlechte Noten in Kauf. Ein selbstbewusstes Kind wird immer seinen Weg finden; ein Musterschüler nur dann, wenn er sich auch mal ein paar Fehltritte erlauben durfte.

114. Bei unangekündigten Arbeiten oder Tests nicht vom Stuhl fallen

»Wie jetzt? Heute habt ihr schon wieder eine unangekündigte Klassenarbeit oder einen Test geschrieben? Das glaub ich dir nicht. Hast du vergessen, sie in deinen Wochenplaner einzutragen? Das dürfen Lehrer doch gar nicht, oder?«

In der ersten Klasse dürfen Lehrer in den meisten Bundesländern sehr wohl unangekündigte Klassenarbeiten schreiben. Ob das auch für deine Region gilt, kannst du in der Schulordnung nachlesen! Die gute Nachricht ist, dass die meisten Lehrkräfte schon in der ersten Klasse Arbeiten ankündigen oder zumindest Hinweise geben. Bitte dein Kind, auf solche Hinweise im Unterricht zu achten! Da Klassenarbeiten ein abgeschlossenes Thema behandeln, solltest du dein Kind regelmäßig nach den Inhalten des Unterrichts fragen: »Morgen beginnt ein neues Thema? Na, dann stell dich auf eine Klassenarbeit ein.«

115. Auf vollständige Heftführung achten

Simon hat letzte Woche aus dem Arbeitsblatt zur Geometrie einen Flieger gebastelt und vom Tafelbild hat er nur die Hälfte abgeschrieben, weil er mit Luisa über das letzte Wochenende gequatscht hat. Jetzt fehlen ihm bei der Klassenarbeit wichtige Inhalte.

So wie Simon darf es jedem Schulkind mal gehen! Erinnere dein Kind daran, sich vor einer Klassenarbeit fehlende Inhalte bei Mitschülern einzuholen.

Falls dein Kind generell Schwierigkeiten hat, Inhalte zügig von der Tafel abzuschreiben, solltest du seine Sehstärke prüfen lassen.

116. Gesamte Vorbereitungszeit nutzen

Morgen steht die Klassenarbeit an und Frank hat einen ganzen Tag Zeit, dafür zu lernen. Das reicht doch, oder?

Wenn eine Klassenarbeit angekündigt wurde, solltet ihr euch möglichst früh an die Planung machen. Durch schrittweises, kontinuierliches Lernen besteht nicht die Gefahr, Inhalte wieder zu vergessen oder in Zeitnot zu geraten. Zuerst solltet ihr euch im Heft eine Übersicht verschaffen, was zu lernen ist. Wenn die Klassenarbeit in einer Woche ist, teilt ihr die Inhalte in fünf Portionen auf, die dann Tag für Tag abgearbeitet werden. Neben der Planung kannst du dein Kind unterstützen, indem du es abends abfragst. Einen Tag vor der Arbeit wird im besten Fall nichts Neues mehr gelernt, sondern der gesamte Stoff noch einmal wiederholt.

117. Lass dein Kind auch mal scheitern

Absolut kein Interesse an einem Thema? Klassenarbeit muss trotzdem geschrieben werden? Was entgegnest du deinem Kind, wenn es alles »doof« und »sinnlos« findet?

»Man lernt nicht für die Schule, man lernt fürs Leben« – blablabla. So schön der Satz auch ist, lässt er sich leider nicht immer anwenden. Manche Inhalte, die Kinder lernen müssen, sind veraltet, viele sind von ihrer Lebenswelt sehr weit entfernt. Kinder haben deshalb ihr gutes Recht, Schulthemen doof und sinnlos zu finden. Selbst wenn du es anders siehst und dir tausend Argumente einfallen, warum dieses Thema superwichtig ist, lässt sich dein Kind davon vielleicht nicht überzeugen.

Manchmal muss es ein Kind auf die harte Tour lernen und mehrmals eine schlechte Note kassieren, bevor es sein Verhalten ändert. Lass ihm die Freiheit, diese Erfahrung zu machen! Solange du stets interessiert und offen für Hilfestellungen bist, wird es aufgrund einiger Fehltritte nicht total abrutschen.

118. Entschlüsselt den geheimen Lehrercode

Dein Kind hat verstanden, dass schlechte Noten nicht gerade zu seinen Gunsten sind? Trotzdem sagen ihm einige Lerninhalte überhaupt nicht zu.

Versucht aus dem drögen Lernhorror ein gewitztes Agentenspiel zu machen: Dein Kind entschlüsselt während des Unterrichts die Hinweise seines Lehrers, achtet darauf, was er zu einem Thema genau hören und sehen möchte. Genau das macht dein Kind dann in der Arbeit. War der Code richtig? Dann gibt es bestimmt eine gute Note.

Natürlich sollte das »Agentenspiel« nur in Ausnahmefällen zum Einsatz kommen! Der innere Antrieb zum Lernen sollte immer überwiegen.

Am Tag der Klassenarbeit

Wenn dein Kind am Tag der Klassenarbeit über Übelkeit, Kopf- oder Bauchschmerzen plagt, dann leidet es wahrscheinlich unter Prüfungsangst. Ohne die richtigen Strategien droht ihm während der Prüfung ein Blackout: An das Gelernte kann es sich einfach nicht mehr erinnern und statt sich auf die Aufgaben zu konzentrieren, kreisen seine Gedanken nur um das mögliche Versagen. Die folgenden drei Tipps helfen deinem Kind, in der Prüfung Ruhe zu bewahren.

119. Wechselatmung anwenden

Es ist so weit, die kleine Leonie schreibt ihre erste Klassenarbeit. Bevor ihre Lehrerin die Arbeit verteilt, gibt sie wichtige Hinweise, wie bei der Bearbeitung vorgegangen werden soll und welche Materialien gebraucht werden. Leonie benötigt genau jetzt all ihre Aufmerksamkeit, ist aber so nervös und panisch, dass ihr die Hälfte der Informationen entgeht.

Wenn dein Kind unter Prüfungsangst leidet, übe mit ihm die Wechselatmung: Das rechte Nasenloch wird zugehalten und durch das linke langsam eingeatmet. Danach wird einige Sekunden die Luft angehalten. Zum Schluss wird durch das rechte Nasenloch langsam ausgeatmet, während das linke zugehalten wird. Das Ganze lässt sich in umgekehrter Reihenfolge wiederholen. Die Wechselatmung sollte dein Kind bereits vor der Klassenarbeit anwenden, damit es fokussiert und ruhig ist, sobald der Lehrer die Arbeit austeilt.

120. Aufgaben strukturieren

Nachdem ein Lehrer die Klassenarbeit ausgeteilt hat, liest er oft die Aufgaben laut vor. Wie er bestimmte Wörter betont, kann deinem Kind wichtige Hinweise geben. Bevor dein Kind jetzt vom Adrenalin benebelt drauflos schreibt, sollte es sich einen Überblick verschaffen: Welche Aufgabe kostet ihm die wenigste Zeit? Welche bringt die meisten Punkte? Mit welcher Aufgabe möchte es beginnen? Die Ausarbeitung eines inneren Zeitplans hilft, nicht zu lange über einer Aufgabe zu schwitzen, die womöglich gar nicht so viele Punkte bringt. Eventuell ist auch ein Schmierzettel erlaubt, um die durcheinanderwirbelnden Gedanken zu strukturieren. Weiterhin sollte dein Kind die Aufgaben sehr genau und mehrmals lesen, damit es die Aufgabenstellung auch wirklich versteht.

121. Nicht von Mitschülern verunsichern lassen

Es ist zu Recht eine ungewohnte Erfahrung für Kinder, in Klassenarbeiten auf fremde Hilfe verzichten zu müssen. Schließlich haben wir im wahren Leben immer eine Möglichkeit, unsere Nachbarn um Hilfe zu bitten. Nun gut: Während der Klassenarbeit ist das anders. Dein Kind darf seine Mitschüler nicht fragen und spicken ist auch nicht erlaubt.

Weil das so beängstigend ist, tendieren Schüler dazu, sich vor einer Arbeit gegenseitig verrückt zu machen. Meist bleibt dann nur das Gefühl zurück, zu wenig oder das Falsche gelernt zu haben.

Erkläre deinem Kind, dass Tipps von Mitschülern und aufgeregtes Herumblättern in Heften und Büchern wenige Minuten vor der Arbeit nur zu Verunsicherungen führen werden! Gib ihm am Morgen vor der Klassenarbeit auf den Weg, dass es sich mehr auch sich selbst als auf andere verlassen kann.

Nach der Klassenarbeit

Sobald dein Kind die Arbeit zurückbekommt oder du diese dann das erste mal in den Händen hältest, wandert der Blick direkt zur Note. Das ist auch so weit in Ordnung. Jedoch sollte man die Klassenarbeit als aussagekräftige Rückmeldung verstehen und diese produktiv nutzen, damit dein Kind es in der nächsten Klasenarbeit besser macht.

Sollten die Leistungen deines Kindes jedoch nicht besser werden und gleichbleibend schlecht ausfallen, musst du über andere Maßnahmen nachdenken. Hier erfährst du in drei Tipps, was du nach einer Klassenarbeit für dein Kind machen kannst.

122. Fehler verstehen

Die Fehler und auch das Zustandekommen der Note zu verstehen ist wichtig, um mit den Fehlern anschließend produktiv umgehen zu können. Prüfe zuallererst die Arbeit auf Fehler, die die Lehrkraft gemacht haben könnte. Vielleicht wird die Note dadurch besser. Anschließend solltest du die Fehler deines Kindes verstehen und mit deinem Kind gemeinsam die einzelnen Fehler durchgehen. Frage dein Kind, warum es diese Antworten oder Lösungen zu einer bestimmten Aufgabe gegeben hat. Erst, wenn dein Kind den Fehler erkannt hat, kann er als Lernchance genutzt werden.

123. Fehler als Lernchancen begreifen

Fehler zu machen, gehört zum Leben dazu. Sie sind wichtig, um im Leben weiterzukommen und sich weiterzuentwickeln. Zeige deinem Kind einen produktiven Umgang mit seinen Fehlern, indem ihr diese als Chance begreift, um daraus zu lernen und es beim nächsten mal besser zu machen. Schaut euch dazu gemeinsam die Fehler nochmal an und reflektiert gemeinsam, was es beim nächsten mal tun kann, um diesen Fehler zu vermeiden. Sollten immer die gleichen Fehler auftreten, ist das ein Hinweis darauf, dass bestimmte Lerninhalte nochmal gelernt werden sollten. Hier kannst du ansetzen, indem du mit deinem Kind die Defizite aufholst oder dein Kind den Lehrer bittet, ihm die Inhalte nochmal zu erklären.

124. Suche eine Grundschule ohne Noten

Sollte dein Kind in jeder Klassenarbeit schlechte Noten erhalten, kann ein Wechsel zu einer Grundschule ohne Noten die Lösung sein. Viele Erziehungswissenschaftler halten Schulnoten heute für nicht mehr zeitgemäß. Ähnlich wie die Hausaufgaben oder das Sitzenbleiben erzeugen Schulnoten unnötige Ängste; und diese sind bekanntermaßen Lernhindernis Nummer 1. Weiterhin stehen sie der Selbstständigkeit und Freiheit von Kindern im Weg.

Eltern halten entgegen dem aktuellen Forschungsstand tendenziell an Gewohntem fest: Eine Schule ohne Noten ist für viele von ihnen unvorstellbar. Wenn du dir trotzdem vorstellen kannst, dass dein Kind auf einer Grundschule ohne Noten besser aufgehoben sein könnte, dann könntest du in deiner Umgebung potenzielle Angebote finden. Dabei müssen es nicht immer private Ganztags-, Montessori- oder Waldorfschulen sein: In Hamburg, Heidelberg, Bremen und Braunschweig gibt es bereits staatliche Grundschulen, die komplett auf Noten verzichten. Vielleicht auch in deiner Nähe?

KAPITEL 9

Wie du Schulstress verringerst und dein Kind entlastest

Was Stress bedeutet, muss man Eltern nicht erklären: Ein Kind möglichst schadenfrei großzuziehen, sich um ein geregeltes Einkommen für die Familie zu kümmern und obendrauf auch noch die eigenen Bedürfnisse im Blick zu behalten, ist absolut stressig. Tagein tagaus hetzen Eltern für ihre Kinder von einem Termin zum nächsten, beantragen Kita- und Schulplätze und schlagen sich mit Erziehern, Lehrern und Ärzten herum. Und wie wird es ihnen gedankt? Vonseiten der eigenen Kinder womöglich mit Fußtritten, dreckigen Hosen und bockigen Antworten.

Laut einer Umfrage sehen sich 40 % der Eltern unter Dauerstress, die meisten von ihnen haben Erschöpfungs- und Burn-out-Symptome. Auch Schlafstörungen und Depressionen werden als unangenehme Folgen des Elternseins angegeben.[21] Als Hauptgrund für ihr hohes Stresslevel

21 Die Zahlen beziehen sich auf eine Forsa-Umfrage aus dem Jahr 2019: Im Auftrag der Kaufmännischen Krankenkasse (KKH) wurden 1007 Eltern mit Kindern unter

geben Eltern an, zu hohe Erwartungen an sich selbst zu haben.

Wenn Eltern gestresst sind, dann sind es Kinder erst recht: Ebenfalls 40 % der Schulkinder zeigen laut einer weiteren Forsa-Umfrage Stresssymptome: Unkonzentriertheit und Nervosität sind bei ihnen besonders häufig zu beobachten.[22] Es ist davon auszugehen, dass die Dunkelziffer sehr viel höher ist, denn besonders kleine Kinder können Stress nicht genau benennen und klagen stattdessen über Müdigkeit oder Bauchschmerzen.

Die häufigsten Ursachen für Stress bei Kindern sind Leistungsdruck, Lernschwierigkeiten und Probleme mit Mitschülern oder in der Familie.

Auf welche Stressanzeichen du bei deinem Kind besonders achten solltest und wie ihr Stress im vorherein verhindern könnt, zeigen dir die folgenden zwölf Tipps.

---

18 Jahren befragt.

22 Die Umfrage wurde 2021 von der DAK in Auftrag gegeben: Befragt wurden 1002 Mütter und Väter minderjähriger Kinder.

Deine Rolle als Elternteil

125. Zeig Verständnis

Dein Kind klagt über fünf Stunden Schule und dreißig Minuten Hausaufgaben am Tag, während du die Nacht durchgemacht hast, um für deinen Arbeitgeber eine Präsentation vorzubereiten? Jetzt will es auch noch Hilfe bei den Hausaufgaben! Sieht es denn nicht, dass du völlig übermüdet bist?

Es ist nicht die Aufgabe deines Kindes, Verständnis für deine schwierige Situation zu zeigen. Emotional ist es dazu womöglich gar nicht fähig. Hingegen ist es deine Aufgabe als Elternteil, dem Nachwuchs rund um die Uhr Verständnis für seine Probleme entgegenzubringen. Für dich mag sich das ungerecht anfühlen, du bist überfordert und manchmal willst du auch einfach nur noch schreien; wie dein Kind! Aber trotz allen gemeinsamen Spielen, Experimentieren und Herumalbern, seid ihr emotional niemals auf Augenhöhe: Am Ende des Tages trägst du die Verantwortung für dein Kind, sich sicher und verstanden zu fühlen.

Zeig deshalb so oft es geht Verständnis für seine Situation. Auf Kinder wirkt das wie ein Beruhigungsmittel. Dein Kind wird sich dir eher anvertrauen, wenn es nicht mehr weiter weiß, statt Probleme in sich hineinzufressen.

126. Erwartungen herunterschrauben

Was auf emotionaler Ebene gilt, trifft auch in vielen anderen Bereichen zu: Was du kannst, kann dein Kind noch lange nicht!

Wir vergessen viel zu oft, dass ein Kind bestimmte Fähigkeiten einfach noch nicht ausgebildet hat: Dass es sich beispielsweise über eine viel kürzere Spanne konzentrieren kann als eine erwachsene Person. Will es dich mit seiner Ungeduld ärgern? Ist es nur so ungeschickt, um dich zur Weißglut zu bringen? Nein!

In den meisten Fällen wollen Kinder sehr gern alles erfüllen, was ihre Eltern von ihnen erwarten, aber sie können es einfach nicht. Wird es trotzdem weiterhin erwartet, steigern sich solange Druck und Frust in den kleinen Menschen, bis körperliche Schmerzen folgen. Überprüfe deshalb regelmäßig, dass du bei einer Erwartung nicht zu leichtfertig von dir auf dein Kind schließt und nimm chronische Bauch- und Kopfschmerzen nicht auf die leichte Schulter.

127. Lass Langeweile zu

Die achtjährige Ida versucht ihre chronisch müde Mutter am Sonntagmorgen aus dem Bett zu locken. »Mir ist sooo langweilig!«, jammert sie ihr ins Ohr. Sie sitzt auf den Holzdielen und wirft antriebslos einen Flummi gegen die Schlafzimmertür.

Alles, was du jetzt tun musst, ist deine Äuglein wieder schließen und weiterschlafen. Steck dir vielleicht Ohrstöpsel in die Gehörgänge oder schließ dein Zimmer ab: Deinem Kind ist damit am besten geholfen.

Langeweile ist bei Kindern nämlich ein Zeichen dafür, dass sie gerne Neues entdecken wollen. Alles Bekannte ist öde: das Fernsehprogramm, die Spiele, die Bücher. Erst werden sie nörgeln und stöhnen, doch nach einer Weile finden sie dann etwas, was sie befriedigt: Vielleicht bauen sie sich nach langem mal wieder eine Höhle oder probieren zum ersten Mal das komische Spiel, das Tante Elaine ihnen vor fünf Jahren geschenkt hat?

Wenn du immer den Entertainer für dein Kind spielst, nimmst du ihm die Möglichkeit, auf Entdeckungstour zu gehen. Außerdem gehört die Fähigkeit, mit Frust umzugehen, zur emotionalen Entwicklung dazu.

128. Ausgleich schaffen

An anderer Stelle ist schon die Rede von zu vielen Hobbys gewesen: dem sogenannten Freizeitstress. Was ist jedoch, wenn deinem Kind zu wenig außerschulischer Ausgleich geboten wird?

Hat alles, was dein Kind tut, irgendwas mit Schule zu tun? Das ist nicht gut. Es braucht unbedingt eine Beschäftigung außerhalb des schulischen Lernens: Das Lernen eines Instruments, eine Mitgliedschaft im Sportverein oder der Beitritt in einer Theatergruppe sind die Klassiker. Doch auch Trendsportarten wie Breakdance, Wakeboarden, Stand-Up-Paddeln oder Bouldern sollten unbedingt gefördert werden, denn sie sorgen für Selbstbewusstsein, Körpergefühl und Entspannung.

129. Prüfe deine eigenen Stressstrategien

Wenn du dein Smartphone gegen die Wand wirfst, weil eine App nicht richtig funktioniert oder in den Telefonhörer schreist, wenn die Hotline deiner Autoversicherung dich zu lange in der Warteschlange lässt, dann ist es kein Wunder, dass dein Kind bei Problemen ähnlich überreagiert.

Wenn du es hingegen schaffst, in stressigen Situationen die Ruhe zu bewahren, dann bist du ein gutes Vorbild für dein Kind. Augen schließen, tief durchatmen, Atemzüge zählen, an etwas Schönes denken, eine Yogaübung machen, um den Block rennen: Mach dir Strategien bewusst, die du im Alltag integriert hast, um Stress abzubauen und teile sie mit deinem Kind.

130. Denke Stress als etwas Positives

»Ich möchte, dass du bis 7:30 Uhr angezogen bist, die Zähne geputzt, gefrühstückt und deine Schultasche gepackt hast.« – »Immer dieser Stress!« Oft geraten wir in Stress, weil wir etwas wirklich wollen. Ist das wirklich so negativ?

Du willst, dass dein Kind pünktlich in der Schule ist, dass es gut auf den Tag vorbereitet ist. Du willst auch pünktlich bei deinem Arbeitsplatz auftauchen. Du willst, dass ihr beide möglichst gut dabei ausseht. Nichts daran ist negativ!

Verantwortung zu übernehmen und den zu Wunsch haben, alles richtig zu machen, ist eine sehr gute Eigenschaft. Vermittle deinem Kind, dass du es nur so »stresst«, weil du willst, dass es keine schlechten Erfahrungen macht; weil du dich um dein Kind sorgst. Vielleicht wird es dir antworten, dass du das gar nicht musst: Viele Dinge hat dein Kind selbst ganz gut im Griff. Und wenn nicht alles glatt läuft, geht meistens auch nicht die Welt unter. In jedem Fall wird es besser verstehen, dass mit deinem Stress keine bösen Absichten verbunden sind.

Aktivitäten und Hilfsangebote zum Abbau und Umgang mit Schulstress

131. Etabliere regelmäßige Familienevents

Jeden Abend esst ihr gemeinsam und sprecht über den vergangenen Tag? Jeden Freitag schaut ihr einen Spielfilm, auf den ihr euch vorher geeinigt habt? Jeden Sonntag macht ihr einen Ausflug ins Grüne und entwickelt einen Wochenplan für die kommende Woche? Wunderbar!

Während dieser gemeinsamen Familienveranstaltungen hat dein Kind die Möglichkeit, über seine Probleme zu sprechen, denn sie schaffen die nötige Verbundenheit, um einander zu vertrauen.

132. Beziehe dein Kind in die Freizeitplanung mit ein

»Okay, in den ersten zwei Wochen bist du bei Oma. Dann sind wir zwei Wochen gemeinsam in Spanien. Danach kannst du eine Woche bei Arthur wohnen. Ach, ja! Und dann geht ja auch schon wieder die Schule los!«

Dein Kind freut sich auf die Sommerferien, aber du hast schon alles für es verplant. Für dich ist das notwendig, weil du deine Arbeitszeit organisieren möchtest. Aber dein Kind will vielleicht auch einfach mal zu Hause sein und den ganzen Tag spielen.

Auf jeden Fall kann es nicht schaden, wenn du es in Pläne einbeziehst. Diskutiert gemeinsam, was ihr wollt und was möglich ist. Das gilt für Urlaube genauso wie für Aktivitäten nach der Schule! Wenn ihr euch absprecht, ist die Wahrscheinlichkeit geringer, dass deinem Kind irgendwann alles zu viel wird.

133. Probiert progressive Muskelentspannung aus

In Stresscoachings für Kinder und Erwachsene wurden besonders mit der sogenannten progressiven Muskelentspannung viele Erfolge verzeichnet. Was so kompliziert klingt, ist eigentlich ganz einfach: Eine bestimmte Körperpartie wird angespannt und danach wieder entspannt. In der Folge sinken Pulsschlag und Blutdruck, auch die Atmung wird ruhiger.

Probiert als Erstes die Steinübung: Ihr habt in der rechten Hand einen Stein, den ihr zerdrücken wollt, bis er zu Staub dir. Dazu ballt ihr die Hand circa zehn Sekunden zur Faust. Öffnet die Hand für ungefähr 30 Sekunden: Ist der Stein noch da? Probiert die Übung nun mit der linken Hand. Wie fühlt ihr euch danach?

Im Internet findest du viele weitere Übungen und Videos zur progressiven Muskelentspannung, die speziell für Grundschulkinder umgeschrieben wurden.

Wenn dein Kind täglich einige Übungen macht, wird es nach einer Woche vermutlich bereits erste Erfolge zeigen. Natürlich kannst du dich auch nach einem Kurs in deiner Umgebung umschauen.

134. Wie wäre es mit autogenem Training?

Auch das autogene Training lässt sich problemlos zu Hause durchführen. Beim autogenen Training arbeiten Körper und Geist zusammen: Durch Aktivierung der Vorstellungskräfte können positive, körperliche Empfindungen hervorgerufen werden, die wiederum zur Entspannung und zu einem wohligen Gefühl führen.

Versucht als Erstes die Zitronenübung: Schließt eure Augen. Stellt euch vor, auf dem Tisch liegt eine saftige Zitrone. Wie sieht sie aus? Nehmt die Zitrone in die Hand: Wie fühlt sie sich an? Riecht jetzt an der Zitrone! Nehmt ein Messer, schneidet die Zitrone auf und probiert ein bisschen von der Zitrone. Was passiert in eurem Mund?

Sprecht anschließend über die Sinneserfahrung! Auch hier findest du online mehr Übungen speziell für Kinder. Regelmäßiges Training ist wichtig, um Erfolge zu erzielen! Angebotene Gruppenkurse können helfen, motiviert dabei zu bleiben.

135. Oder Kinderyoga?

Alternativ kann auch Kinderyoga eine gute Möglichkeit für dein Kind darstellen, Stress abzubauen und seine Konzentration zu fördern.

Im Gegensatz zum Yoga für Erwachsene stehen bei Kindern entspannende Übungen im Vordergrund. Ähnlich wie die progressive Muskelentspannung und das autogene Training, lässt sich auch Kinderyoga einfach zu Hause umsetzen.

Probiert es am Anfang mit der Katze-Kuh-Übung: Geht in den Vierfüßlerstand! Der Rücken sollte gerade sein und die Hände sollten schulterbreit abgelegt werden. Macht jetzt einen Katzenbuckel: Die Stirn bewegt sich Richtung Hüfte und der Rücken wird ganz rund. Danach geht es langsam ins Hohlkreuz: Der Kopf geht jetzt zum Nacken und der Bauch hängt durch. Geht zurück in die Ausgangsposition, wiederholt die Übung noch zwei- bis dreimal.

Im Internet findest du weitere Übungen für das Kinderyoga zu Hause!

136. Erkundige dich nach Stresscoachings

Dein Kind hat sichere Anzeichen für Stress: Es ist oft schlecht gelaunt und müde. Immer häufiger klagt es über Kopfschmerzen. Selbst die Klassenlehrerin hat das schon festgestellt und das Gespräch mit dir gesucht!

Dann solltest du dich nach Stresscoachings erkundigen. Wenn sie nicht direkt von der Schule angeboten werden, gibt es eventuell Angebote bei deiner Krankenkasse oder Volkshochschulen. In ihnen lernen Kinder über Gespräche, Rollenspiele, Atem- und Bewegungsübungen, mit dem Schulstress besser klarzukommen.

Selbsttest: Wie gestresst ist mein Kind?

Die folgenden zehn Fragen helfen dir, das Stresslevel deines Kindes zu berechnen. Je nach Alter kann dein Kind den Test selbst ausfüllen, oder du liest ihm die Antwortmöglichkeiten vor. Besprich mit deinem Kind schwierige Fragen, ohne es in seiner Entscheidung zu beeinflussen.

	stimmt	ich weiß nicht	stimmt nicht
Vor der Schule habe ich oft Bauchschmerzen.			
Ich habe öfter Rückenschmerzen.			
Ich habe manchmal gar keinen Hunger.			
Die meisten Lehrer mag ich sehr gern.			
Nach der Schule habe ich viel Freizeit.			
Ich habe viele Schulfreunde.			
Ich bin gut in der Schule.			
Im Unterricht spreche ich ungern.			

	stimmt	ich weiß nicht	stimmt nicht
Mit meiner Mutter streite ich mich sehr oft.			
Ich gehe gern zur Schule.			

HIER GEHT'S ZUR AUSWERTUNG!

Betrachte zuerst nur die Fragen 1, 2, 3, 8 und 9. Notiere bei für die Antwort »stimmt« 6 Punkte, für »stimmt nicht« 0 Punkte und für »ich weiß nicht« 3 Punkte. Rechne das Ergebnis zusammen.

Betrachte jetzt die Aussagen 4, 5, 6, 7 und 10. Notiere für die Antwort »stimmt« 0 Punkte, für »stimmt nicht« 6 Punkte und für »ich weiß nicht« 3 Punkte. Rechne das Ergebnis zusammen.

- **0 bis 15 Punkte**: Dein Kind kommt mit der Schule gut zurecht. Mach dir keine Sorgen: Ein wenig Stress ist normal. Es gehört zu seiner emotionalen Reifung, Strategien zu finden, damit umzugehen. Wenn du jedoch mehr darauf achtest, in welchen Situationen bei deinem Kind Symptome wie Nervosität und Unzufriedenheit auftreten, kannst du es in diesem Bereich entlasten: Sind es bestimmte Schulfächer, die ihm schwerfallen? Gibt es Probleme mit Lehrern oder Mitschüler? Oder liegt erhöhtes Stresspotenzial in Freizeit und Familie?

- **15 bis 30 Punkte**: Die Antworten deines Kindes deuten darauf hin, dass es häufiger als nötig unter Stress leidet.

Ist dies nur eine kurze Phase oder zeigen sich Symptome über einen längeren Zeitraum? Falls es über körperliche Beschwerden klagt, sollten die Alarmglocken läuten. Auch wenn dein Kind oftmals nicht sicher ist, welche Antwort zutrifft, könnte sich dahinter ein erhöhtes Stresslevel verbergen. Sprich mit deinem Kind über das Testergebnis und frag es, wie du ihm beistehen kannst. Was wünscht es sich?

- **30 bis 60 Punkte**: Wenn dein Kind mehr als die Hälfte der Stress-Fragen zustimmen konnte, dann besteht erhöhter Handlungsbedarf, denn dein Kind leidet unter Schulstress. Nachdem du das Gespräch mit ihm gesucht hast, bieten sich weitere Auseinandersetzungen mit Eltern aus seiner Schulklasse, Lehrern und Schulpsychologen an. Wünscht sich dein Kind einen Schulwechsel? Ist es unter- oder überfordert? Nur in Zusammenarbeit mit allen Beteiligten wird eine abschließende Antwort möglich sein.

KAPITEL 10

Wie du Lernschwierigkeiten erkennst und Ausgleich schaffst

In den ersten drei Schuljahren kann sich bei deinem Kind eine Lernschwierigkeit bemerkbar machen. Besonders häufig sind Rechenschwächen (Dyskalkulie) und Lese-rechtschreibschwächen (Legasthenie) zu beobachten. Laut Studien der Universität Göttingen leiden 20 bis 25 % der Schüler in Deutschland an einer Lernschwierigkeit.[23]

Ein ganzes Netzwerk von Ereignissen kann dafür verantwortlich sein, dass ein Kind eine Dyskalkulie oder Legasthenie entwickelt:

- Verzögerungen in der kognitiven und emotionalen Entwicklung,
- genetisch bedingte Veränderungen der Sinneswahrnehmung,

23 Gold 2014

- Probleme im sozialen Umfeld: Gewalt, Mobbing, Vernachlässigung,
- sekundäre Erkrankungen wie Asperger und AD(H)S,
- Schädel-Hirn-Traumata, zum Beispiel nach einem Verkehrsunfall.

Kinder mit Lernschwierigkeiten haben nicht zwangsläufig einen geringeren Intelligenzquotienten. Manchmal ist es sogar eine besonders ausgeprägte Wahrnehmungsgabe, die ihnen das Lernen in der Schule erschwert.

Um zwischen den Ursachen und dem Ausmaß von Lernschwierigkeiten zu unterscheiden, bedienen sich Psychologen und Pädagogen verschiedener Fachbegriffe.

Lernstörung und Lernbehinderung

Unter einer Lernstörung wird eine mildere Form der Lernschwierigkeit verstanden, umgangssprachlich wird auch oft von einer Lernschwäche gesprochen. Die Probleme und das Leiden der betroffenen Kinder sind meist nicht dauerhaft, sondern können durch geeignete Förderung beseitigt werden. Weiterhin zeigt sich die Schwäche in bestimmten Schulfächern, während in anderen Fächern durchschnittliche bis überdurchschnittliche Leistungen erzielt werden können.

Einige Kinder, die von einer Lernstörung oder – schwäche betroffen sind, können auf bestimmten Gebieten – meist im Bereich der Wahrnehmung – besonders begabt sein. Ihre Begabung wird im Schulalltag jedoch nicht gefördert. Deshalb entwickeln diese Kinder Konzentrationsschwächen, die wiederum zu schlechten Schulleistungen führen können.

Andere Kinder leiden so sehr unter ihrem sozialen Umfeld, dass sie eine Lernstörung entwickeln: Oft führen hohe Erwartungshaltungen der Eltern oder Mobbing durch Mitschüler vorübergehend zu schlechteren Schulleistungen.

Leider konnte in Studien immer wieder festgestellt werden, dass die familiären Gegebenheiten den größten Einfluss auf den Lernerfolg der Kinder haben: Wird im Elternhaus beispielsweise kaum Deutsch gesprochen, dann ist die Wahrscheinlichkeit für eine Leserechtschreibschwäche bedeutend höher.[24]

Im Gegensatz zu einer Lernstörung beschreibt eine Lernbeeinträchtigung eine generelle Schwierigkeit von Schülern, auf einer allgemeinen Schule die geforderten Leistungen zu erbringen. Die Lernschwierigkeiten beziehen sich auf fast alle Schulfächer und zeigen sich meist durch Konzentrationsstörungen: Inhalte können nicht in der geforderten Form oder dem erwarteten Zeitraum verarbeitet werden.

Früher wurde hierfür der Begriff Lernbehinderung verwendet. Da er von den Betroffenen als diskriminierend empfunden wird, findet er jedoch immer seltener Verwendung. Denn trotz ausgeprägter Lernschwierigkeiten können Betroffene in IQ-Tests durchschnittliche Werte erzielen. Ob eher angeborene oder frühkindliche Faktoren für ihr Leiden verantwortlich sind, ist weiterhin umstritten: Einige Studien behaupten, dass 80 bis 90 % der lernbeeinträchtigten Kinder aus schwierigen familiären Verhältnissen oder sogenannten bildungsfernen Familien kommen.[25] Andere Quellen sehen

---

24 Gold 2014, S.23

25 Schröder 2015, S.158-163

die biologischen Faktoren als Hauptursache für Lernbeeinträchtigungen.[26] Die gute Nachricht: Meistens handelt es sich bei Lernschwierigkeiten um temporäre Störungen und nur selten steckt wirklich eine generelle Beeinträchtigung dahinter.

Hast du die Vermutung, dass dein Kind unter Lernstörungen leiden könnte? Oder wurde bei deinem Kind bereits eine Lernstörung oder -beeinträchtigung festgestellt?

Vier allgemeine Tipps und 20 spezifische Tipps zu den häufigsten Lernstörungen sollen dir beim Erkennen von Lerndefiziten und bei deren Umgang helfen.

137. Hole dir professionellen Rat

Franziska weiß wirklich nicht weiter. Ihr Sohn war als Kleinkind schon auffällig ungeschickt, ist ständig hingefallen und hat sich gestoßen. Da war es noch niedlich. Aber jetzt ist er in der ersten Klasse und die Kinder lachen ihn aus, weil er keine Bälle fangen kann und seine Handschrift so krakelig ist. Er kann auch immer noch nicht seine Schuhe zubinden, worunter er sehr leidet.

Anders sein ist absolut okay, aber sobald du feststellst, dass dein Kind darunter leidet, solltest du dir professionellen Rat suchen: Nur Psychologen und Ärzte können eine Lernstörung zuverlässig diagnostizieren. Es gibt spezielle Lerntherapeuten, die Elternberatungen anbieten. Erkundige dich nach Angeboten in deiner Nähe!

26 Ziegler 2014, S. 12

138. Nicht verzweifeln

Der Kinderarzt hat zum Glück erkannt, dass Franziskas Sohn an einer Entwicklungsstörung leidet, deren Ursachen höchstwahrscheinlich genetisch sind.

»Dann kann ich ja gar nichts machen?«, stößt sie verzweifelt hervor.

Verzweifle nicht, wenn bei deinem Kind eine genetische bedingte Lernstörung festgestellt wurde: Deine Verzweiflung wird sich auf dein Kind übertragen und sein Selbstwertgefühl wird sehr darunter leiden. Sieh positiv, dass die Ursache rechtzeitig gefunden wurde und deinem Kind jetzt geholfen werden kann. Zeige ihm deutlich, dass es nichts für seine Lernstörung kann und es von dir bedingungslos geliebt wird.

139. Sei geduldig

Du strengst dich wirklich an, dein Kind zu unterstützen, folgst allen Ratschlägen des Arztes, schickst dein Kind zu Fördergruppen und hast dich vielleicht sogar schon um einen Schulwechsel bemüht. Besserungen lassen trotzdem auf sich warten?

Zeige dich dankbar für jeden kleinen Erfolg, den dein Kind erreicht. Die Situation ist für euch beide sehr anstrengend. Keinesfalls sollte dein Kind das Gefühl bekommen, dass sich euer Leben nur noch um seine Probleme dreht.

140. Nicht mit Samthandschuhen anfassen

Dein Kind hat es im Schulalltag schwerer als andere Kinder: Eltern und Lehrer sollten sich dem nicht nur bewusst sein, sondern auch mit besonders viel Lob und Feingefühl die Entwicklung unterstützen.

Wenn du dein Kind nun jedoch von anderen Kindern fernhältst, weil du Angst vor Verletzungen und Überforderungen hast, dann wird sich seine Sonderrolle immer weiter verfestigen. Nur ein möglichst normaler Umgang gibt deinem Kind die Möglichkeit, an Herausforderungen zu wachsen und Defizite möglichst bald aufzuholen.

Legasthenie

Besonders häufig wird bei Grundschulkindern eine Leserechtschreibschwäche (kurz: LRS) festgestellt: Circa 8 % sollen von ihr betroffen sein.[27] Der Fachbegriff für diese verbreitete Lernstörung lautet Legasthenie.

141. Vorbilder finden

Dein Kind denkt nun vielleicht, dass es keine Chancen mehr hat, seinen Traumberuf zu erlangen, weil es zu den »unteren 10 %« gehört.

---

27 Galuschka 2016.

Muntere dein Kind auf, indem du auf berühmte Legastheniker verweist: Galileo Galilei, Albert Einstein, Leonardo da Vinci und Agatha Christie hatten auch Schwierigkeiten mit dem Lesen und Schreiben. Das hat sie jedoch nicht davon abgehalten, ihre Träume zu verfolgen: Agatha Christie ist sogar Schriftstellerin geworden. Deinem Kind stehen alle Türen offen!

142. Wörter in Silben aufteilen

Eventuell liest dein Kind sehr emotionslos vor, vergisst oft Buchstaben oder kann gar nicht heraushören, wann Wörter beginnen und neue Wörter anfangen.

Zeige deinem Kind, dass Sprache sehr viel mit Rhythmus zu tun hat. Indem du Wörter in Silben aufteilst und zu jeder Silbe klatschst, wird die Sprache für dein Kind in überschaubare Häppchen geteilt. Ihr könnt die Wörter auch auf Zettel schreiben, Silben auseinanderschneiden und später wieder zusammenlegen.

143. Lass dir von deinem Kind Leseinhalte wiedergeben

Kinder mit LRS konzentrieren sich so sehr auf das Entziffern der Wörter, dass ihnen die Bedeutung der Sätze entgeht. Für den Schulalltag ist das jedoch sehr wichtig.

Übe deshalb mit deinem Kind, gelesene Inhalte in eigenen Worten zusammenzufassen. Beginnt mit Sätzen und arbeitet euch dann zu Abschnitten und ganzen Kurzgeschichten vor.

144. Nachteilsausgleich beantragen

Dein Kind bricht zusammen unter der Herausforderung, mit dem Rest der Klasse mitzuhalten?

Statt es von der Schule zu nehmen oder zurückstufen zu lassen, haben Eltern von Kindern mit LRS die Möglichkeit, Nachteilsausgleich zu beantragen.

In der Folge wird deinem Kind bei Klassenarbeiten und Tests mehr Zeit eingeräumt und von der Benotung der Rechtschreibung wird abgesehen.

Dyslexie

Dyslexie ist der Fachbegriff für eine Lesestörung. Falls dein Kind im Vergleich zu Mitschülern sehr langsam liest, oft in der Zeile verrutscht oder Buchstaben und Wörter verdreht, liegt vermutlich eine Dyslexie vor. Diese Störung kann auch unabhängig von einer Rechtschreibstörung vorkommen.

145. Souffliere deinem Kind die Wörter

Wenn dein Kind schon schlechte Erfahrungen mit dem Vorlesen gemacht hat, wird es wahrscheinlich schnell nervös. Sei deshalb das Echo deines Kindes und flüstere die Wörter leise mit: So bist du immer schnell zur Hilfe, wenn es einmal nicht weiterweiß. Im Theater nennt man diesen Job Souffleur (von französisch: sauffler – atmen).

146. Chorlesen

Beim Chorlesen fühlt dein Kind sich nicht allein, denn ihr gebt einem Text gemeinsam einen Rhythmus. Die Übung bietet sich vor allem zum flüssigen Lesen an und macht mit mehreren Personen am meisten Spaß.

Wählt dazu einen kurzen Text, gern auch einen Songtext oder ein Gedicht. Jeder liest abwechselnd einen Satz. Ein Teil des Textes dient als Refrain: Dieser sollte mehrmals vorkommen und von allen gelesen werden.

147. Hörtexte mitlesen

Wenn dein Kind ein gutes Hörverstehen hat, dann sollte es Gehörtes immer in Textform mitlesen können. Drucke kurze Hörbeiträge aus, denn handschriftliche Texte lesen sich für dein Kind ungleich schwerer. Zuerst kann dein Kind den Text nur hören, beim zweiten Mal den Text auf dem Papier mitverfolgen und beim dritten Mal schon leise mitlesen. Nach mehreren Versuchen lässt du dein Kind den Text allein vorlesen.

148. Benutzt einen Lesepfeil

Falls dein Kind oft in der Zeile verrutscht, solltet ihr euch einen Lesepfeil basteln. Der etwa zehn Zentimeter große farbige Pfeil aus Karton zeigt in die Leserichtung und rahmt immer genau die Wörter ein, die gelesen werden sollen.

Rechtschreibstörung

Wenn dein Kind für sein Alter noch starke Probleme hat, Wörter zu buchstabieren, auffällig viele Fehler beim Schreiben macht und bei Schreibaufgaben schnell ermüdet, liegt eventuell eine Rechtschreibstörung vor. Ebenso wie die Dyslexie kann auch die Rechtschreibstörung isoliert auftreten, die Lesefähigkeit muss also nicht zwangsläufig beeinflusst sein.

149. Lernt Laute auswendig

Wenn dein Kind auffällig viele Fehler beim Schreiben macht, dann hat es wahrscheinlich ein Problem, den Lauten (zum Beispiel sch, pf, au, ei) ein passendes Schriftbild zuzuordnen. Zum Anfang kann es hilfreich sein, die häufigsten Laute der deutschen Sprache aufzuschreiben und auswendig zu lernen. Setze hinter jeden Laut ein Beispielwort, das dein Kind kennt. Zum Beispiel: »Sch« wie schön! Wenn dein Kind kreativ ist, macht es zu jedem Laut eine Zeichnung.

150. Macht aus dem Schreiben ein Ratespiel

In der Schule und während der Hausaufgaben wird das Schreiben für dein Kind zu einem Ratespiel, das ihm wenig Spaß bereitet. Für Fehler wird es nämlich bestraft oder ausgelacht, sein Selbstbewusstsein nimmt schnell Schaden.

Zu Hause könnt ihr die Unannehmlichkeiten dieses Spiels weglassen, stattdessen gibt es für richtige Antworten Punkte: Gib ein Wort vor und frag dein Kind, wie es beginnt. Frag bei einem anderen Wort, wie es endet.

151. Reimt!

Reimen macht nicht nur jede Menge Spaß, sondern fördert das Verständnis deines Kindes für Silben und Laute: Nenne ein Wort und bitte dein Kind, dazu ein passendes Reimwort zu finden. Wenn ihr geübter seid, könnt ihr auf diese Weise ganze Songtexte schreiben. Vielleicht hat dein Kind Lust, dazu zu singen oder spielt sogar ein Instrument?

Dyskalkulie

Der Fachbegriff Dyskalkulie ist weniger bekannt als die Legasthenie, dabei sind ähnlich viele Kinder von der Rechenstörung betroffen: 2 bis 8 % sollen es sein.[28] Wenn dein Kind noch in der zweiten Klasse und darüber hinaus Probleme beim Schreiben von Zahlen hat, die Finger beim Rechnen benutzt und sehr viel langsamer rechnet als seine Mitschüler, könnte eine Dyskalkulie vorliegen.

152. Im Alltag zählen

Eventuell erhält dein Kind einen besseren Zugang zu Zahlen, wenn es ihnen im Alltag bewusster begegnet.

---

28 Mankarios 2021.

Wie viele Stufen führen zu eurer Wohnung? Wie viele Löffel Zucker müssen in den Kuchenteig? Und wie viele rote Autos fahren in zehn Minuten an unserem Haus vorbei? Im Alltag gibt es genug Anlässe zu zählen!

153. Mengen schätzen

Die meisten Kinder mit Dyskalkulie haben Probleme, Mengen zu unterscheiden.

Das könnt ihr spielerisch im Familienalltag üben, indem du Linsen in zwei verschiedene Schalen füllst und dein Kind schätzen lässt, in welcher Schale die meisten Linsen sind. Wie viele Linsen, schätzt du, sind in den Schalen? 15, 80, 329? Mit der Zeit wird dein Kind vielleicht immer besser darin, richtige Schätzungen abzugeben. Breche die Übung jedoch ab, wenn du das Gefühl hast, dass sie deinem Kind keinen Spaß bereitet.

154. Andere Rechenwege zulassen

Die konventionellen Rechenwege aus den Schulbüchern versteht dein Kind nicht. Muss es sich vielleicht eine Zeichnung dazu machen, die Finger abzählen oder Gegenstände hin und her schieben, um zur Lösung zu kommen? Sind umständliche Kalkulationen für dein Kind logischer? Wahrscheinlich können nur Lerntherapeuten dein Kind langsam daran gewöhnen, schnellere Rechenwege zu benutzen! Da der Weg dahin allerdings mühsam ist und die Gefahr besteht, zu viel Druck auszuüben, solltest du dein Kind zu Hause auf seinem Weg rechnen lassen.

155. Förderung beantragen

Ähnlich wie bei einer LRS ist es auch bei einer diagnostizierten Dyskalkulie möglich, Nachteilsausgleich zu beantragen. Allerdings wird dieser Ausgleich für Dyskalkulie noch nicht in jedem Bundesland stattgegeben, Bayern ist davon leider ausgenommen. Falls du Sozialgeld oder Arbeitslosengeld II beziehst, kannst du eine Lerntherapie über das Bildungs- und Teilhabepaket finanzieren lassen.

AD(H)S

Das längste, deutsche vom Duden anerkannte Wort – Aufmerksamkeitsdefizit-Hyperaktivitätsstörung – wird meistens mit den Buchstaben ADHS abgekürzt. ADHS ist anders als die bisher vorgestellten Störungen in erster Linie eine Verhaltens- und Emotionsstörung. Im Schulalltag fallen betroffene Kinder besonders durch motorische Unruhe und Konzentrationsstörungen auf. Bei ADS handelt es sich um einen Subtyp von ADHS, bei dem statt einer Hyperaktivität vorrangig Unkonzentriertheit und Träumerei zu beobachten sind.

156. Legt tägliche Wohlfühlzeiten fest

Dein Kind hat in erster Linie keine Lern- sondern eine Verhaltensstörung. Euer Leben ist deshalb von seinen Regelbrüchen und Tobsuchtsanfällen bestimmt – das ist für alle Beteiligten anstrengend.

Richtet euch tägliche Wohlfühlzeiten von circa 20 Minuten ein, in denen du dich ausschließlich mit deinem Kind beschäftigst: Dein Kind darf bestimmen, was ihr spielt und andere Kinder sind außen vor. Diese 1:1-Beschäftigung hilft deinem Kind, sich zu entspannen.

157. Handlungen statt Worte

Das Temperament deines Kindes ist heftig und geht dir sehr nah. Du siehst, dass dein Kind darunter leidet. Falls es wieder zu solch einem Gefühlsausbruch kommt, helfen keine Ermahnungen. Bringe es stattdessen in eine sichere Umgebung und verlasse anschließend den Raum. Dein Kind kann sich nur selbst wieder beruhigen, es wird die Message also besser verstehen als Worte.

Sei in deinen Handlungen konsequent, denn AD(H)S-Kinder brauchen klare Regeln und Struktur. Gegen jede Inkonsequenz wird dein Kind lautstark rebellieren.

158. Belohnungspunkte sammeln

Kinder mit AD(H)S benötigen mehr Belohnungen als andere Kinder!

Wenn dein Kind sich am Morgen ohne Murren anzieht oder am Abend selbstständig ins Bett geht, dann ist das für es eine Leistung, die belohnt werden muss.

Ihr könnt Belohnungspunkte auf Ausmalbilder kleben oder am Whiteboard sammeln: Legt gemeinsam fest, wofür es Punkte gibt und nach wie vielen Punkten welche Belohnung folgt.

159. Bewegungsdrang richtig stillen

Wenn dein Kind zu dem hyperaktiven Verhaltenstyp zählt, dann benötigt es tatsächlich weniger Schlaf als andere Kinder und muss mehr beschäftigt werden. Auch wenn es anstrengend ist, solltest du es in Haushaltsaufgaben einbeziehen!

Lass es nicht ungezielt im Zimmer oder im Freien toben, sondern überlass die Bewegungsförderung ausgebildeten Trainern: Ein Kampfsport könnte für dein Kind einen Ausgleich bringen. Oft ist dein Kind im Training mit strengen Vorgaben konfrontiert. Wenn es ihm gelingt, Regeln aus Spaß an der Sache zu folgen, überträgt sich das Verhalten wahrscheinlich auch positiv auf andere Bereiche.

KAPIEL 11

Die besten Lernstrategien

Lernstrategien helfen deinem Kind bei der Wissensaneignung und -festigung. Um überhaupt eine Voraussetzung zum Lernen zu schaffen, kommt es auf die sogenannten externen Lernressourcen deines Kindes an: Stimmt die Lernumgebung? Ist geeignetes Material vorhanden? Kann dein Kind auf Lernpartner zurückgreifen?

Einen ebenso großen Einfluss auf den Lernerfolg deines Kindes haben interne Ressourcen wie Konzentrationsfähigkeit und Zeitmanagement. Diese ressourcenbezogenen Lernstrategien werden in der Psychologie als sekundäre Lernstrategien bezeichnet.

Erst wenn die genannten Voraussetzungen gegeben sind, kommen primäre Lernstrategien zum Einsatz: Wissen wird wiederholt, organisiert und elaboriert (vertieft). In diesem Kapitel lernst du jeweils sechs Wiederholungs-, Organisations- und Elaborationsstrategien kennen. Wechselt zwischen den Lernstrategien oder kombiniert sie miteinander, um Abwechslung zu schaffen!

Wiederholungsstrategien

Dein Kind muss Englischvokabeln oder ein Gedicht auswendig lernen? Dann benötigt es geeignete Wiederholungsstrategien, mit denen sich Wissen im Langzeitgedächtnis abspeichern lässt.

160. Legt Karteikarten an

Der Klassiker unter den Wiederholungsstrategien eignet sich besonders für Schüler mit einem ordentlichen Lernstil: Vokabeln, Fragen oder Stichpunkte werden auf der einen Seite der Karteikarte notiert und auf der anderen Seite steht die Lösung. Beim Niederschreiben der Lösung wiederholt dein Kind den Stoff bereits zum ersten Mal. Beim Durchlesen der Lösung erfolgt die zweite Wiederholung. Wenn du dein Kind abfragst, wird das Gelernte auditiv und im sozialen Miteinander wiederholt. Zu guter Letzt wird mit Karteikarten auch der Tastsinn angesprochen. Somit ist das Lernen mit Karteikarten sehr viel effektiver als das einfache Durchblättern des Hefters.

161. Memory basteln

Ähnlich wie mit Karteikarten wird auch durch ein Memory-Spiel das multisensuale Lernen gefördert: Der Stoff wird auditiv, haptisch und visuell wiederholt, und nun zusätzlich auch noch mit Spaß und Spiel verbunden. Je nach Lerninhalten und den Vorlieben deines Kindes können zu den Lernbegriffen Bilder gemalt werden.

162. Mit bewegten Bildern lernen

Diese Methode bietet sich besonders zum Lernen von Vokabeln und Namen an: Sprecht das Wort laut aus. Woran erinnert es euch? Klingt snow nicht ein bisschen wie Klo? Und musst du bei dog an eine Bulldogge denken?

Während dein Kind Bekanntes mit Unbekanntem assoziiert, entstehen in seinem Kopf bewegte Bilder: Es schneit auf der Toilette und plötzlich verwandeln sich alle Hunde auf der Welt in dicke Bulldoggen. Je nach Lernstil deines Kindes kann es die Assoziationen nun in Skizzen oder Mini-Geschichten festhalten.

163. Lernt mit Eselsbrücken und Reimen

Es gibt bereits viele Eselsbrücken mit denen sich zum Beispiel Himmelsrichtungen, die deutschen Bundeskanzler oder Quadratzahlen lernen lassen. Kennst du sie alle? Falls es zu einem bestimmten Lernstoff noch keine Eselsbrücke gibt, könnt ihr eine erfinden. Zum Vokabellernen bieten sich auch kurze Raptexte an: »Der dog vom Koch und die cat auf dem bed sind beide nett.«

164. Analogien finden

Durch Analogien kann besonders abstraktes Wissen veranschaulicht werden. Abstrakte Lerner sind Spitzenklasse darin: Die Bronchien der Lunge sehen aus wie Baumzweige und das Gehirn wie eine Walnuss. Bäume sind wichtig für die Atmung und Walnüsse sind gute Nahrungsmittel fürs Gehirn.

Auch wenn Zahlen und Daten erinnert werden müssen, gelingt dies am besten mit Analogien, wobei wieder abstraktes mit lebensnahem Wissen verbunden wird. Zum Beispiel: Es gibt 16 Bundesländer und in meiner Klasse sind 16 Mädchen. Oder: Der Erste Weltkrieg endete am 11.11.1918. Am 11.11. ist auch Karnevalsbeginn und 2018, also 100 Jahre später, war Papas 40. Geburtstag.

165. Probiert die Loci-Methode

Das Wort »loci« kommt aus dem Lateinischen und bedeutet »Orte«. Bei der Methode denkt dein Kind an einen Ort, den es sehr gut kennt. Das kann ein Zimmer, ein Platz oder ein Weg sein. Als Nächstes überlegt es sich zehn Gegenstände, die an diesem Ort tatsächlich liegen und geht diese in einer bestimmten Reihenfolge ab. Im letzten Schritt verbindet es jeden Gegenstand mit einem Lerninhalt.

So kann es beispielsweise ein Gedicht auswendig lernen: Es geht durch die Küche und stellt sich vor, dass es die erste Zeile an den Lichtschalter hängt. Die nächste legt es in die Spüle, die dritte liegt unter der Couch, die vierte ist als Bild eingerahmt und so weiter. Es geht den Weg nun mehrmals ab und sagt immer, wenn es an dem Gegenstand angelangt ist, die betreffende Zeile. Wenn es am nächsten Tag vor der Klasse steht und das Gedicht aufsagen möchte, dann geht es in seiner Vorstellung das Zimmer ab.

Organisationsstrategien

Wie plant dein Kind seine Lernzeit ein? Womit beginnt es? Wie erstellt es eine Übersicht? Organisationsstrategien helfen, den Lernstoff in verdauliche Häppchen zu teilen und nicht in Zeitnot zu geraten.

166. Lass dir Lernstoff erklären

Durch das Nacherzählen von Lernstoff ordnet dein Kind Gelerntes und gibt es in eigenen Worten wieder. Macht ruhig ein Rollenspiel daraus: Dein Kind steht als Lehrer vorne und erklärt dir einen Sachverhalt. Du spielst einen Schüler und stellst Fragen zum Thema. Besonders chaotische Lerner werden daran ihren Spaß haben.

167. Hängt Lernplakate auf

Auf einem Lernplakat werden komplexe Themen anschaulich strukturiert: Der perfekte Weg, um die Themen aus dem Unterricht zu organisieren. Die klassische Organisationsform für Lernplakate ist die *Mindmap*. Um eine interessante Mindmap zu erstellen, schreibt ihr das Thema in die Mitte und strukturiert es in mehrere Unterpunkte. Jeder Unterpunkt kann eine andere Farbe erhalten oder mit Zeichnungen veranschaulicht werden. Zu jedem Unterpunkt werden jetzt Schlagworte gesammelt, oder die Unterpunkte werden wiederum untergliedert. Heraus kommt ein Netz an Informationen.

168. Erstellt einen Lernplan

Lernpläne für eine Klassenarbeit oder einen Test werden am besten in Tabellenform erstellt. Sie enthalten die Tage, Uhrzeiten und Zeitspannen, an denen gelernt wird und ähneln damit den Wochenplänen. Im Unterschied zum Wochenplan fokussiert ihr euch im Lernplan jedoch nur auf ein Ziel in einem Schulfach, zum Beispiel eine Englisch-Klassenarbeit. Teilt den Lernstoff in kleine Häppchen, die dein Kind bis zum Termin erledigen soll. Wenn dein Kind das tägliche Lernziel erreicht hat, kann es dieses abhaken.

Da Lernprozesse immer ähnlich ablaufen, bietet sich hierfür ein Lernplakat in Form eines Flussdiagramms (engl. flowchart) an, in dem ihr die allgemeinen Lernschritte zum Erfolg festhaltet. Das Diagramm erinnert dein Kind immer daran, wann und wie es zu lernen beginnen sollte, um gute Ergebnisse zu erzielen.

169. Schreibt Definitionen

Was ist noch mal der Unterschied zwischen einer Fabel, einer Parabel, einer Novelle und einem Märchen? Besonders zum Verstehen von Fachwörtern bietet sich das Sammeln eigener Definitionen an, in der die Bedeutung der einzelnen Begriffe in ein bis zwei Sätzen erklärt wird.

Die Definitionen kann dein Kind in einem kleinen Heft oder auf den letzten Seiten seines Hefters notieren, damit es sie immer schnell zur Hand hat. Zum Lernen für Arbeiten und Tests bietet es sich an, die Definitionen mithilfe von Karteikarten abzufragen und jeweilige Fachbegriffe auf Lernplakaten zu spezifizieren.

170. Findet mehr Beispiele

Im Unterricht werden zu einem Thema oft nur wenige Beispiele ins Heft übertragen. Beim Lernen hilft es, sich im Unterricht besprochene Beispiele ins Gedächtnis zu rufen und weitere Beispiele zu finden.

Wenn dein Kind eine Mathematikarbeit zum Thema Geometrie vorbereitet und seine eigenen Notizen zur Achsensymmetrie nicht mehr versteht, dann zeige ihm im Buch oder Hefter Beispiele für achsensymmetrische Figuren und lass es anschließend eigene achsensymmetrische Figuren zeichnen.

171. Entwerft euren eigenen Test

Welche Fragen würdet ihr zu einem Thema stellen, wenn ihr Lehrer wärt? Schreibt Fragen und Antworten auf ein A4-Blatt.

Denkt daran, dass in Tests und Arbeiten nicht nur das Wissen aus dem Unterricht abgefragt, sondern auch in den praktischen Bereich übertragen werden kann; das nennt man Transferfragen. Wenn im Unterricht beispielsweise der Schulalltag in Großbritannien behandelt wurde, dann könnte im Test gefragt werden, wie die Queen von England heißt, selbst wenn die Lehrperson den Namen nie erwähnt hat.

Elaborationsstrategien

Mit Elaborationsstrategien wird Lernstoff verbunden und vertieft. Ein erster Schritt zur Elaboration wurde schon durch das Finden eigener Beispiele oder das Entwerfen eigener Testfragen geleistet. Hier erfährst du sechs weitere Elaborationsstrategien.

172. Mehr Lehrbücher in der Bibliothek ausleihen

Oft stellt sich der Aha-Effekt erst ein, wenn die gleiche Sache auf unterschiedlichen Wegen erklärt wurde. Wenn deinem Kind die Erklärungen aus dem Schulbuch nicht ausreichen, solltet ihr einen Ausflug in die Stadtbibliothek unternehmen. Hier könnt ihr in unterschiedlichen Büchern blättern und Beschreibungen finden, die deinem Kind besser einleuchten.

173. Podcasts hören

Kostenlose Kinder-Podcasts sind eine ideale Möglichkeit, trockenes Schulwissen in den Alltag zu übertragen, ohne dass sich das für dein Kind wirklich wie Lernen anfühlen muss. Dein Kind kann sie problemlos unterwegs hören und über sein Smartphone mit Freunden teilen. Mit Podcasts wird der Hörsinn angesprochen, was sich besonders für ordentliche Lerner eignet.

174. Schaut Lernvideos

Den gleichen Effekt wie Podcasts erzielen auch Lernvideos für Kinder, nur dass hier zusätzlich der Sehsinn angesprochen wird. Vom Alphabet bis zum Satz des Pythagoras: Im Internet finden sich unzählige kostenlose Videos, in denen Schulstoff kindgerecht aufgearbeitet wird. Dokumentation über das alte Ägypten oder ein Gladiatorenspielfilm können das zwanglose Lernen noch erweitern.

175. Nutzt Lern-Apps

Spielerisches Lernen erreichst du durch die Verwendung von Lern-Apps. Diese musst du gar nicht selbst erstellen, denn im Internet finden sich bereits viele tolle Ratespiele, Auswahl- oder Zuordnungsapps zu vielen verschiedenen Schulthemen. In sogenannten Lernplattformen sind alle Aufgaben versammelt; lediglich ein Nutzerkonto trennt dein Kind jetzt noch vom Zugang auf das gesammelte Wissen.

176. Gib Recherche-Aufgaben

Der Umgang mit Nachschlagewerken kann in der Grundschule bereits ab der zweiten Klasse eine Rolle spielen. Während früher Wörterbücher und Lexika die elterliche Bibliothek perfektionierten, finden sich heute das geballte Wissen im Internet.

Suchanfragen zu erstellen und seriöse von unseriösen Quellen zu unterscheiden, muss jedoch geübt werden.

177. Lernstoff im Alltag einbinden

Auch das Einbinden von Schulwissen im Alltag zählt zu den elaborativen Strategien. Mathematisches Wissen wie das Messen von Mengen kann beim Kochen geübt werden, Deutschkenntnisse werden beim Schreiben von Einkaufszetteln und Einladungen geübt. Zur Vertiefung historischer und geographischer Themen bieten sich Ausflüge in Museen an. Und warum nicht mal ein Handballspiel, ein Theaterstück oder ein Konzert besuchen, um auch die musischen Fächer zu vertiefen? Je lebensnaher der Lernstoff deinem Kind vermittelt wird, desto besser wird es ihn sich einprägen können.

Metakognitive Lernstrategien

Metakognitive Lernstrategien kommen bei anspruchsvollen Lernzielen zum Einsatz, um den Überblick zu behalten. Sie helfen deinem Kind beim Planen, Reflektieren und Bewerten seines Lernprozesses.

178. Formuliert Ziele

Das Formulieren von Zielen gehört zur Planung von Lernvorgängen. Wie werden Ziele am besten formuliert?

Zum einen sollten Lernziele konkret und realistisch sein: »Englisch lernen« ist also kein gutes Ziel. Es hilft auch, seine Ziele öffentlich zu machen. Die Ziele auf einem Lernplan zu notieren und gut sichtbar aufzuhängen und seinen Freunden von seinen Zielen zu erzählen, sorgt für viel Motivation.

179. Formuliert Fragen

Wenn dein Kind Fragen zum Lernstoff stellt, dann hilft ihm das bei der Reflexion. Dein Kind sollte sich angewöhnen, schon im Unterricht offene Fragen zu notieren, die es an den Heftrand schreibt und später selbstständig klären kann; zum Beispiel im Gespräch mit dem Lehrer, Mitschülern oder durch Recherche im Internet. Ebenso kann es auch beim Lesen eines Textes vorgehen.

180. Dokumentiert Fortschritte

Die einfachste Methode, seine Fortschritte zu dokumentieren, ist das Abhaken von To-do-Listen. Allein dieser Vorgang kann sehr motivierend sein. Ihr könntet im Lernplan auch eine Spalte für die Evaluation lassen, in der dein Kind mithilfe von Smileys oder Zahlen von 1 bis 5 jeden Lernschritt selbst bewertet.

KAPITEL 12

Lehrpläne und passende Lernspiele für Mathe, Deutsch und Englisch

In diesem Kapitel erhältst du eine Übersicht über die Lerninhalte in den Fächern Deutsch, Mathematik und Englisch. Die jeweiligen Lernziele geben dir einen Eindruck, was dein Kind am Ende einer Klassenstufe können sollte. Passend zum Schulfach und dem Lernbereich werden dir Lernspiele vorgestellt, mit denen ihr die jeweiligen Kompetenzen gemeinsam vertiefen könnt. Viel Spaß!

Deutsch (1. bis 2. Klasse)

Bereich: Zuhören und Sprechen

Lernziele: Dein Kind kann mündliche Arbeitsaufträge verstehen, auf Textfragen antworten und von eigenen Erlebnissen nachvollziehbar berichten.

Elternrolle: Lass dir von deinem Kind täglich die Erlebnisse des Tages schildern. Stell Rückfragen zu seinen Gefühlen und Wünschen.

1. Was bin ich?

Anzahl der Spieler: 3 bis 6
Materialien: Stift, Klebezettel

Die Spieler einigen sich auf ein Thema. Mögliche Themen sind unter anderem: Berufe, Möbel, Essen, Länder. Jeder Spieler schreibt ein Nomen auf seinen Klebezettel und heftet es seinem Sitznachbarn links an den Rücken oder auf die Stirn. Jeder Spieler muss durch geschickte Ja/Nein-Fragen herausbekommen, was er ist. Wer ist am schnellsten?

2. Falsch antworten

Anzahl der Spieler: 3 bis 6
Materialien: keine

Bei diesem Spiel gibt es einen Fragenden und mindestens zwei Spieler, die antworten. Die erste Frage bleibt vom ersten Spieler unbeantwortet, die zweite Frage wird von Spieler 2 mit der Antwort auf die erste Frage beantwortet und so weiter. Das Spiel fördert die Konzentration und führt zu amüsanten Ergebnissen.

Beispiel:

Hast du Hunger? – ...
Wo wohnst du? – Ja, ich habe Hunger.
Wer ist dein Lieblingssportler? – Ich wohne in Bremen.

3. Wortketten

Anzahl der Spieler: 2 bis 6
Materialien: keine

Der erste Spieler nennt ein zusammengesetztes Nomen, der nächste Spieler bildet aus dem letzten Wortteil ein neues Nomen und so weiter. Wem kein Wort einfällt, der bekommt einen Punkt. Wer am Ende die wenigsten Punkte hat, hat gewonnen.

Beispiel:

Vogelhaus – Hausboot – Bootsmann – Manneskraft – Kraftfutter ...

4. Ich packe meinen Koffer

Anzahl der Spieler: 2 bis 8
Materialien: keine

Noch ein Klassiker: Dieses Spiel fördert Konzentration und Kurzzeitgedächtnis. Was nimmt die Gruppe mit auf die Reise? Jeder Spieler wiederholt den zuvor genannten Inhalt des gesamten Koffers und packt einen weiteren Gegenstand hinzu. Der Weltrekord liegt übrigens bei 150 Begriffen.

Bereich: Lesen

Lernziele: Dein Kind kann einfache Texte lesen und deren Sinn erfassen, es benutzt erstmals Nachschlagewerke und schildert Leseeindrücke.

Elternrolle: Achte darauf, dass dein Kind regelmäßig (laut und leise) liest. Führt ein Lesetagebuch über Umfang und Inhalt des Gelesenen.

5. Schnipp-Schnapp

Anzahl der Spieler: 3 bis 5
Materialien: 4x20 Wortkarten

Überlegt euch 20 kurze Wörter, die im Deutschen sehr häufig vorkommen (und, aber, das, eine …). Druckt jedes dieser 20 Wörter viermal auf Spielkarten, sodass ihr am Ende 80 Karten habt. Die Karten werden nun unter den Spielern verteilt und als Stapel verdeckt auf dem Tisch abgelegt. Auf das Kommando »Schnipp« deckt jeder Spieler seine erste Karte auf. Wer ein Wort-Paar entdeckt, ruft

»Schnapp«. Ziel des Spiels ist es, möglichst viele Paare zu sammeln. Das Spiel ist beendet, wenn jemand seinen gesamten Kartenstapel verspielt hat.

Bereich: Texte verfassen

Lernziel: Dein Kind kann zu Bildern oder Erfahrungen kurze Texte schreiben, Briefe und Tagebucheinträge verfassen.

Elternrolle: Lass dein Kind Postkarten oder Briefe an Freunde und Bekannte schreiben. Es kann auch Einkaufszettel und Einladungen verfassen.

6. Wort-Geschichten

Anzahl der Spieler: 2 bis 4
Materialien: Zettel, Stift

Jeder Spieler schreibt mindestens fünf Wörter auf einen Zettel. Die Zettel werden gesammelt und vermischt. Ein Spieler zieht die ersten fünf Begriffe. In der gezogenen Reihenfolge bildet der nächste Spieler einen Satz. Schafft er es, alle Wörter in einem Satz unterzubekommen? Dann erhält er einen Punkt. Die Wörter werden zurück in den Wort-Pool gemischt und fünf neue Wörter werden gezogen.

Beispiel:

Vogel – essen – Auto – Kühlschrank – kaputt
Spieler 1: Ein Vogel isst in seinem Auto einen Apfel, denn sein Kühlschrank ist kaputt.

Bereich: Richtig schreiben

Lernziel: Dein Kind kann häufige Wörter richtig schreiben, Nomen und Verben unterscheiden, beherrscht Groß- und Kleinschreibung sowie Zeichensetzung am Satzende.

Elternrolle: Leg ein Sammelheft für gekonnte Wörter an. Unterscheidet zwischen Nomen und Verben. Schreibt zu jedem Wort einen Beispielsatz.

7. Buchstabenspiel

Anzahl der Spieler: 2 bis 6
Materialien: Stift, Papier, Stoppuhr

Jeder Spieler erhält Stift und Papier. Spieler 1 geht im Kopf das Alphabet durch, bis ein anderer Spieler Stopp sagt. Die Spieler haben jetzt eine Minute Zeit, möglichst viele Wörter mit diesem Anfangsbuchstaben aufzuschreiben. Vorher kann der Themenbereich eingegrenzt werden: Namen, Städte, Länder, Berufe, Tiere. Oder es werden nur Verben oder Adjektive mit diesem Anfangsbuchstaben gesucht. Wer findet die meisten Wörter in einer Minute?

8. Auf dem Rücken schreiben

Anzahl der Spieler: 2
Materialien: keine

Spieler 1 schreibt Spieler 2 mit dem Finger ein Wort Buchstabe für Buchstabe auf den Rücken. Vorher können die Spieler sich über Länge, Themenbereich oder Wortart einigen.

Spieler 2 liest nun Buchstabe für Buchstabe laut vor, bis er ein Wort erraten kann.

9. Nomen zerlegen

Anzahl der Spieler: 3 bis 5
Materialien: Stift, Zettel

Die Spieler erhalten jeweils circa 20 kleine Zettel. Jeder Spieler nennt reihum ein Komposita, also ein zusammengesetztes Nomen, das aus zwei bis drei Teilen besteht. Zum Beispiel: Hundehalsband. Die anderen Spieler trennen das Nomen in seine einzelnen Bestandteile und schreiben sie auf jeweils einen Zettel, also: Hunde – Hals – Band. Wer am schnellsten die richtige Lösung niedergeschrieben hat, bekommt einen Punkt.

10. Anlaut-Bingo

Anzahl der Spieler: 2 bis 5
Materialien: Stift, Papier

Jeder Spieler zeichnet auf einem Zettel ein Spielfeld mit neun Feldern und schreibt in jedes Feld einen Anlaut. Anlaute können einzelne Buchstaben, Umlaute oder Buchstabenkombinationen wie «sch« und «ei« sein. Der erste Spieler nennt ein Wort: Wortarten und Themenbereiche können zuvor festgelegt werden. Hat einer der anderen Spieler einen passenden Anlaut auf seinem Bingofeld, darf er dieses durchstreichen. Wer als Erstes drei Anlaute in einer Reihe (diagonal, senkrecht, waagerecht) durchgestrichen hat, hat gewonnen.

Bereich: Handschrift

Lernziel: Dein Kind kann in Druckschrift schreiben und benutzt unterschiedliche Schreibutensilien. Eventuell wird dein Kind bereits mit einer Schreibschrift vertraut gemacht.

Elternrolle: Lass dein Kind einzelne Buchstaben in Viererkästchen schreiben. Übt für die Schreibschrift nicht sofort ganze Buchstaben, sondern das rhythmische Schreiben von Schlaufen, Linien und Rundungen. Kontrolliere die Körperhaltung deines Kindes beim Schreiben.

11. Punkt für Punkt

Anzahl der Spieler: 1
Materialien: Papier, Stift

Zeichne deinem Kind Buchstaben, Muster oder Figuren mit vielen Punkten vor. Aufgabe deines Kindes ist es nun, die Punkte nachzuzeichnen. Wenn du möchtest, dass dein Kind die Figur nach einer bestimmten Reihenfolge nachzeichnet, dann versiehst du jeden Punkt mit einer Zahl. Ansonsten besteht die Herausforderung darin, die Punkte zu verbinden, ohne den Stift abzusetzen.

Mathematik (1. bis 2. Klasse)

Bereich: Zahlen und Operationen

Lernziel: Dein Kind kann Zahlen bis 100 richtig schreiben. Es beherrscht schriftliche Rechenverfahren zum Addieren, Subtrahieren, sowie das kleine 1x1.

Elternrolle: Entdeckt Zahlen im Alltag und rechnet mit ihnen: Preisschilder, Hausnummern, Nummernschilder. Zu Hause kannst du deinem Kind das Rechnen durch Hilfsmittel wie das Hunderter-Feld oder den Montessori-Würfel erleichtern.

12. Auf dem Rücken rechnen

Anzahl der Spieler: 2
Materialien: keine

Spieler 1 nennt eine Rechenaufgabe, Spieler 2 schreibt das Ergebnis auf deren Rücken. Stimmt das Ergebnis? Um schnelles Kopfrechnen zu trainieren, kann vom Vordermann für jede Aufgabe die Zeit gestoppt und für zehn Runden addiert werden. Wer für zehn Rechenaufgaben die wenigste Zeit benötigt, hat gewonnen.

13. Zahlen hören

Anzahl der Spieler: 3 bis 8
Materialien: keine

Ein Erwachsener übernimmt die Rolle des Spielleiters. Die Kinder schließen die Augen. Der Spielleiter klatscht nun eine Zahl zwischen 1 und 10 und fordert die Kinder auf, die Zahl mit ihren Fingern zu zeigen. Dabei kann der Spielleiter in der Geschwindigkeit variieren. Ein Kind, das falsch gezählt hat, kann anschließend die Rolle des Spielleiters übernehmen. Höhere Zahlen können geklatscht werden, wenn die Kinder ihr Ergebnis anschließend auf einen Zettel schreiben und hochhalten.

14. Kettenrechnen

Anzahl der Spieler: 2 bis 8
Materialien: keine

Mit dieser Übung wird die Addition trainiert. Ein Kind nennt eine Zahl, das nächste Kind fügt eine weitere Zahl hinzu. Jederzeit kann das Istgleich-Zeichen genannt werden, wodurch der nächste Spieler aufgefordert wird, das Ergebnis zu sagen. Liegt er mit seinem Ergebnis falsch, scheidet er aus oder erhält einen Minuspunkt. Liegt er richtig, bekommt derjenige, der das Istgleich-Zeichen ausgerufen hat, den Minuspunkt. Ab der dritten Klasse können auch mehrere Rechenarten kombiniert werden.

15. Rechen-Bingo

Anzahl der Spieler: 2 bis 5
Materialien: Zettel, Stift

Jeder Spieler zeichnet auf einem Zettel ein Spielfeld mit neun Feldern und schreibt in jedes Feld eine andere Zahl zwischen 1 bis 100. Das Bingofeld bleibt für die Mitspieler verdeckt. Abwechselnd nennen die Spieler eine Rechenaufgabe. Wenn ein anderer Spieler das Ergebnis der Aufgabe auf dem Papier hat, darf er die Zahl durchstreichen. Gewonnen hat, wer zuerst drei Zahlen in einer Reihe (diagonal, senkrecht, waagerecht) durchgestrichen und »Bingo« gerufen hat.

Bereich: Größen und Messen

Lernziel: Dein Kind kennt Einheiten für Länge, Zeit, Gewicht, Liter und Geld und kann mit diesen rechnen. Im Umgang mit Hilfsmitteln wie Maßband, Uhr, Lineal und Kalender ist es sicher.

Elternrolle: Schätzt Länge, Gewicht oder Volumen von Alltagsgegenständen und messt nach: Wie viel Wasser ist im Glas? Wie viel wiegt das Smartphone? Wie lang sind meine Füße? Arbeitet mit Wochen- und Tagesplänen.

16. Münzen stapeln

Anzahl der Spieler: 1 bis 6
Materialien: Geldmünzen, Würfel

Verteilt einen Berg von Kleingeld vor euch auf dem Tisch. Reihum wird gewürfelt und passende Münzen werden aufeinandergestapelt. Wer kann den höchsten Turm bauen? Das Spiel kann dein Kind auch allein spielen.

17. Wer hat an der Uhr gedreht?

Anzahl der Spieler: 2
Materialien: Pappteller, Karton, Musterklammer, Stifte, Schere

Kinder entwickeln ein Zeitgefühl erst zwischen dem 5. und 7. Lebensjahr. Du hilfst ihm bei der Entwicklung und ersparst dir jede Menge Stress, wenn du schon vor der Einschulung damit anfängst, dein Kind mit der Uhrzeit vertraut zu machen: Klebt und malt die Zahlen von eins bis zwölf auf den Pappteller, bastelt aus Karton die Uhrzeiger und befestigt sie mit einer Musterklammer.

Wenn dein Kind mal wieder eine Wann-Frage stellt, dann zeigst du ihm das Eintreten des freudigen Ereignisses an seiner Uhr. Nun muss es diese nur noch mit der Küchenuhr vergleichen und schon weiß es Bescheid.

18. Countdown

Anzahl der Spieler: 2
Materialien: Pappstreifen, Stifte, Schere

Falls der Besuch bei der Oma noch zwei Wochen auf sich warten lässt, dann könnt ihr einen Countdown basteln: Auf einen Papierstreifen die Zahlen von eins bis 14 schreiben und jeden Tag eine Zahl abschneiden. Lass dich von deinem Kind beraten, wie ihr den Kalender am besten bastelt: Vielleicht kleine Fische oder Ballons? Schön bunt? Und wo hängen wir das auf?

Bereich: Raum und Form

Lernziel: Dein Kind kann Lagebeziehungen (links, rechts, unter...) und ebene Figuren (Quadrat, Dreieck...) beschreiben. Es kann geometrische Figuren mit Hilfsmitteln wie Geodreieck und Zirkel zeichnen und unter Zuhilfenahme von Schere und Klebstoff basteln, sowie Flächeninhalt und Umfang ebener Figuren bestimmen.

Elternrolle: Sucht Formen im Alltag (Das Buch ist rechteckig, die Uhr ist rund...). Lass dein Kind Figuren und Muster aus- und abzeichnen oder mit Zirkel und Lineal eigene Muster entwerfen. Achtet auf die Einhaltung der Rechenkästchen und ein ordentliches Schriftbild.

19. Roboterspiel

Anzahl der Spieler: 2
Materialien: keine

Zum Lernstoff der ersten Klasse gehört der sichere Umgang mit Richtungsanweisungen. Diese können mit dem Roboterspiel trainiert werden: Ein Spieler wird zum Roboter und wird vom zweiten Spieler durch den Raum gelotst: Geh zwei Schritte nach rechts, jetzt fünf Schritte geradeaus. Um den Schwierigkeitsgrad zu erhöhen, kann das Spiel im Kopf ausgeführt werden: Spieler 1 überlegt sich eine Position im Raum, an die es seinen Partner lotsen möchte: zum Beispiel die Tür oder den Kühlschrank. Diesmal erklärt er Spieler 2 den Weg, ohne dass dieser den Weg wirklich abläuft.

20. Nachzeichnen

Anzahl der Spieler: 2
Materialien: Papier, Stift

Diese Übung eignet sich bestens, um das Anfertigen sauberer Zeichnung zu üben.

Zeichnet zwei 8 x 8 cm große Quadrate. Zeichnet für jeden Zentimeter ein kleines Quadrat, sodass das große am Ende aus 16 kleinen Quadraten besteht.

Zeichnet in die erste Fläche eine Zahl, einen Buchstaben, ein Muster oder eine Figur. Nutzt dafür die komplette Fläche. Tauscht eure Zeichnung. Der Partner ahmt die Zeichnung nun in der zweiten Zeichenfläche nach und achtet dabei auf die Einhaltung der kleinen Quadrate.

Du kannst vor dem Spiel auch schon eine Kopiervorlage anfertigen und mehrmals ausdrucken!

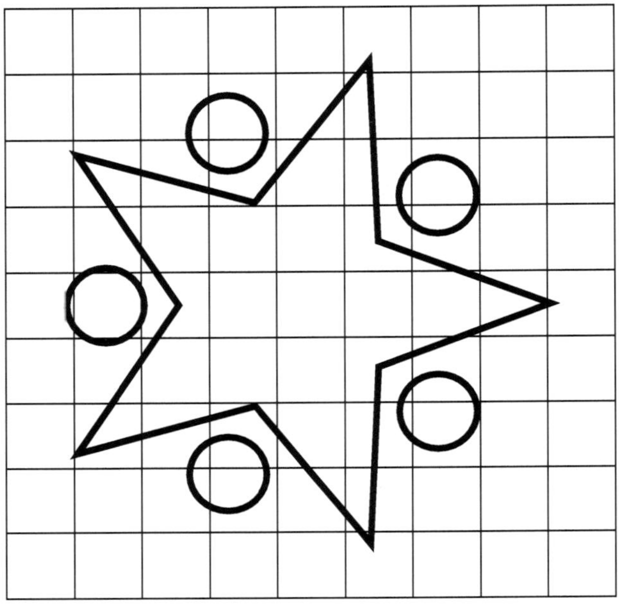

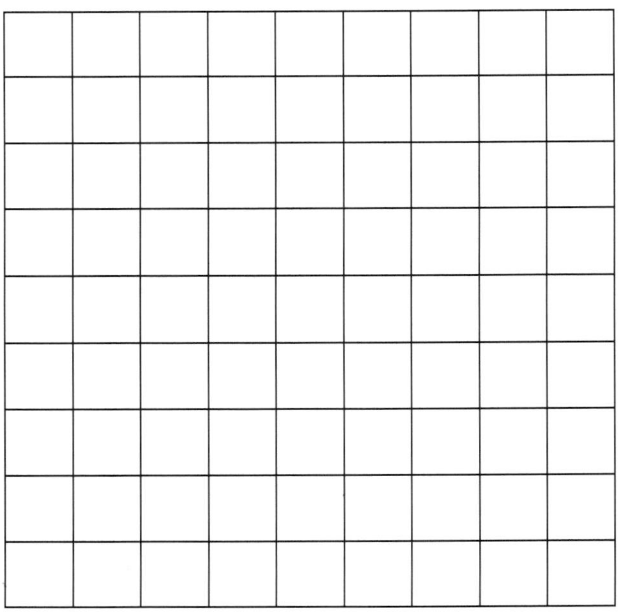

Bereich: Daten und Zufall

Lernziel: Dein Kind kann Strichlisten und einfache Tabellen zu lebensnahen Daten (Alter der Mitschüler, Wetter ...) erstellen sowie einfache Zufallsexperimente wie das Ziehen von verschiedenfarbigen Kugeln beschreiben.

Elternrolle: Binde die Rede von Wahrscheinlichkeit und Zufall bewusst in den Alltag ein: Wie wahrscheinlich ist es, dass der Kiosk am Sonntag geöffnet ist? Ist es Zufall, dass alle Ampeln rot sind?

21. Kniffel

Anzahl der Spieler: 2 bis 4
Materialien: 5 Würfel, Stift, Kniffelblock

Kniffel, auch Yazi genannt, ist der Klassiker unter den Glücksspielen: Jeder Spieler darf pro Runde dreimal würfeln. Bei jedem Wurf muss er entscheiden, welche Würfel er zurücklegt, um möglichst viele Punkte zu erzielen. Neben einem 5er -oder 6er-Pasch gehören auch Straßen und ein Full House zu den besseren Würfen. Die meisten Punkte werden jedoch mit fünf gleichen Augen erreicht: dem Kniffel.

Deutsch (3. bis 4. Klasse)

Bereich: Zuhören und Sprechen

Lernziel: Dein Kind kann Stichpunkte zu Gehörtem notieren, auf Beiträge von Mitschülern eingehen und daran anknüpfen, sowie Projekte planen und ausführen.

Elternrolle: Hört und seht kindgerechte Nachrichtensendungen und unterhaltet euch im Anschluss darüber.

22. Wörter umschreiben

Anzahl der Spieler: 2 bis 5
Materialien: Stift, Papier

Jeder Spieler überlegt sich drei Nomen und schreibt zu diesen Nomen jeweils drei Sätze, die das Nomen näher beschreiben.

Spieler Nummer 1 gibt die Länge seines ersten Nomens und den Anfangsbuchstaben vor. Danach gibt er den ersten Tipp. Kann ein anderer Spieler das Wort erraten, erhält es drei Punkte. Bei einem falschen Versuch wird ihm ein Punkt abgezogen. Ist das Nomen noch nicht erraten worden, wird der zweite Tipp gegeben. Errät jemand das Wort? Dann gewinnt dieser zwei Punkte. Wenn nicht, wird der letzte Tipp gegeben, der nur noch einen Punkt wert ist.

Beispiel:

Mein Wort beginnt mit P und hat fünf Buchstaben.
Tipp 1: Man findet es am Strand von Südseeinseln.
Tipp 2: Die Früchte lassen sich essen.
Tipp 3: Affen klettern gern darin herum.

23. Die Zeit läuft

Anzahl der Spieler: 3 bis 8
Materialien: Stift, Papier, Zettel, Stoppuhr

Zur Vorbereitung schreibt jeder Spieler fünf bis sieben Nomen auf je einen Zettel. Alle Zettel werden gefaltet und kommen in eine Schüssel. Der erste Spieler zieht einen Zettel und erklärt seinem Partner links das Wort, ohne verwandte Wörter oder Wortbestandteile zu benutzen. Der Partner rechts darf kontrollieren, dass der aktuelle Erklärer wirklich keine Tabu-Begriffe verwendet. Zum Erklären gibt es eine Minute Zeit, in der auch mehrere Nomen erraten werden dürfen. Erratene Wort-Zettel werden zwischen dem Paar auf dem Tisch platziert. Wenn die Schüssel leer ist, wird gezählt. Dafür werden die Zettel rechts und links jedes Spielers addiert.

In Runde zwei kommen alle Zettel wieder in die Schüssel und werden nur mit einem Wort erklärt. In der dritten Runde erfolgt die Erklärung pantomimisch. Am Ende notieren alle Spieler auf einem A4-Papier die Wörter, an die sie sich noch erinnern können. Die Bonuspunkte werden zum vorherigen Punktestand aus Runde 1 bis 3 addiert und der endgültige Sieger ermittelt.

24. Bild beschreiben

Anzahl der Spieler: 2
Materialien: Buntstifte, Papier, Zeitschrift

Jeder Spieler sucht in einer Zeitschrift oder im Internet nach einem Bild, das sich gut beschreiben lässt. Spieler 1 beschreibt sein Bild Spieler 2 möglichst detailgetreu. Dieser malt das Bild nach den Vorgaben seines Partners. Am Ende bekommt er die Zeitschrift und muss das Bild finden, das ihm beschrieben wurde.

Bei dem Spiel gibt es keine Gewinner und Verlierer. Es hilft Kindern beim detailgenauen Sprechen und Zuhören.

Bereich: Lesen

Lernziel: Dein Kind liest verschiedene Textsorten wie Märchen, Fabeln, Gedichte und Kurzgeschichten und kennt deren Unterschiede. Es kann in verteilten Rollen lesen und Inhalte szenisch darstellen.

Elternrolle: Besucht Theateraufführungen oder Musicals für Kinder. Schreibt eigene Szenen oder Kurzgeschichten.

25. Laufdiktat

Anzahl der Spieler: 2 bis 6
Materialien: Stift, Papier, Text

Bei diesem Spiel wirst du als Spielleiter eingesetzt! Die Spieler sitzen an verschiedenen Schreibtischen. Such dir einen Text, den du in mehrere Abschnitte teilen kannst und hänge diese an verschiedenen Orten im Zimmer auf. Das Diktat sollte vom Sitzplatz der Spieler nicht sichtbar sein. Die Spieler laufen auf Kommando zu einem der Abschnitte, versuchen ihn sich komplett zu merken, laufen zurück zu ihrem Platz und schreiben ihn sich auf. Wenn alle Abschnitte notiert wurden, müssen die Spieler sie in eine logische Reihenfolge bringen. Wer dies zuerst geschafft hat, beendet das Spiel. Ob er gewonnen hat, entscheidet die Korrektur: Für jedes falsch geschriebene oder ausgelassene Wort gibt es einen Punkt Abzug. Bei vier oder sechs Spielern kann das Diktat in Paaren geschrieben werden: Eine Person läuft, und liest, die andere Person schreibt. Danach wird sich abgewechselt.

Bereich: Texte verfassen

Lernziel: Dein Kind kann Texte wie E-Mails am Computer tippen, Referate planen und durchführen sowie Inhalte in Stichworten oder Fließtexten zusammenfassen.

Elternrolle: Lass dein Kind Zeit-, Wochen- oder – Urlaubspläne zusammenstellen. Vielleicht möchte es gern ein Tagebuch führen?

26. Faltpapier-Geschichte

Anzahl der Spieler: 3 bis 8
Materialien: Stift, Papier

Ziel ist es, auf Zeit gemeinsam mehrere Geschichten zu schreiben. Spielt je nach Anzahl der Spieler zehn bis 15 Minuten und stellt eine Küchenuhr.

Jeder Spieler schreibt einen ersten Satz und gibt diesen an seinen Sitznachbar links weiter. Dieser schreibt einen Satz, der sich auf den vorherigen Satz bezieht. Danach klappt er den Anfangssatz um. Der nächste Spieler sieht nun nur noch den Satz seines Vordermannes, schreibt den nächsten Satz und faltet den Zettel wieder so, dass nur noch sein Satz zu sehen ist. Nachdem die Küchenuhr geklingelt hat, gehen alle Geschichten zurück an ihre ursprünglichen Besitzer und dürfen von diesen entfaltet und vorgelesen werden. Die Ergebnisse sind zum Kringeln!

Bereich: Richtig schreiben

Lernziel: Dein Kind kennt formale Unterschiede zwischen Nomen, Verben und Adjektiven, benutzt die Zeitformen (Präsens, Präteritum, Perfekt) richtig und lernt erste Rechtschreib- und Kommaregeln.

Elternrolle: Macht kurze Frühstücksdiktate, markiere nur die wichtigsten Fehler, lass dein Kind mit Nachschlagewerken Fehler selbst korrigieren.

27. Gegensatz-Bingo

Anzahl der Spieler: 2 bis 5
Materialien: Stift, Papier

Jeder Spieler zeichnet auf einem Zettel ein Spielfeld mit neun Feldern und schreibt in jedes Feld ein Adjektiv. Die Felder bleiben füreinander verdeckt. Der erste Spieler nennt ein Adjektiv. Hat einer seiner Mitspieler das Gegenteil auf seinem Bingofeld, wird das Feld durchgestrichen. Wer als erstes drei Adjektive in einer Reihe (diagonal, senkrecht, waagerecht) durchgestrichen hat, hat gewonnen.

28. Sag nicht A!

Anzahl der Spieler: 2 bis 6
Materialien: keine

Ein Spieler gibt Antworten, die anderen Spieler stellen ihm Fragen. Ziel ist es, möglichst schnell in ganzen Sätzen Fragen zu beantworten, ohne den Buchstaben A zu benutzen. Auf die Frage nach seinen Hobbys darf die Antwort also lauten: »Ich lese gern.« Aber nicht: »Ich spiele Fußball.« Wenn der erste Spieler aus Versehen den Buchstaben A benutzt hat, ist der nächste Spieler dran.

Um den Schwierigkeitsgrad zu erhöhen, kann das Spiel mit den Buchstaben R, S, I, N und E gespielt werden. Während E mit 17,4 % der häufigste Buchstabe in der deutschen Sprache ist, steht A mit 6,5 % auf Platz 6 der häufigsten Buchstaben.

29. Buchstabieren rückwärts

Anzahl der Spieler: 2 bis 6
Materialien: keine

Ein Spieler nennt einen Begriff und der andere buchstabiert den Begriff rückwärts. In größeren Gruppen kann im Kreis gespielt werden. Wer ein Wort falsch buchstabiert hat, scheidet aus. Vor dem Spiel kann sich die Gruppe auf Themenbereiche oder Wortarten einigen.

Bereich: Handschrift

Lernziel: Dein Kind findet seine persönliche Handschrift, die regelmäßig, flüssig und gut lesbar ist.

Elternrolle: Experimentiert mit der Handschrift: gerade, schräg, mit Bleistift, Pinsel, Füller ... Durch gleiche Abstände und regelmäßiges Anwinkeln der Buchstaben wird eine Handschrift sauber. Auch der Druck aufs Papier muss stimmen.

30. Galgenmännchen

Anzahl der Spieler: 3 bis 8
Materialien: Tafel, Stift

Der Klassiker unter den Buchstabierspielen eignet sich auch bestens, um die Handschrift zu verbessern: Eine Person markiert die Anzahl der gesuchten Buchstaben mit Unterstrichen an einer Tafel. Die Gruppe nennt jetzt der Reihe nach Buchstaben: Enthält das gesuchte Wort den Buchstaben, darf der Spieler einen weiteren Buchstaben nennen, ansonsten wird ein Element des Galgenmännchens an die Tafel gezeichnet. Findet die Gruppe das Wort, bevor das Strichmännchen am Galgen hängt?

Mathematik (3. bis 4. Klasse)

Bereich: Zahlen und Operationen

Lernziele: Dein Kind kann Zahlen bis eine Million richtig schreiben. Es beherrscht schriftliche Rechenverfahren der Multiplikation und Division.

Elternrolle: Das Kopfrechnen im Alltag steht weiter im Vordergrund: zum Beispiel mit Eintrittsgeldern, Verkäufen oder Ratenzahlungen. Für zwischendurch bieten sich Kreuzzahlrätsel und Sudokus an.

31. Rechen-Schnipp Schnapp

Anzahl der Spieler: 2
Materialien: 30 Blanko-Karten

Die beiden Spieler schreiben jeweils 15 Rechenaufgaben auf die Blankokarten. Sie mischen die Karten und teilen sie untereinander auf. Die Stapel legen sie verdeckt vor sich auf den Tisch. Auf das Kommando »Schnipp« decken beide gleichzeitig ihre erste Karte auf. Sie rechnen nun im Kopf, welches Ergebnis höher ist. Der Spieler mit dem höheren Ergebnis sagt »Schnapp«. Stimmt seine Rechnung, erhält er beide Karten, ansonsten gehen sie an den Gegenspieler. Das Spiel ist beendet, wenn ein Spieler keine Karten mehr zum Aufdecken hat. Gewonnen hat, wer die meisten Karten gesammelt hat.

32. 99 gewinnt

Anzahl der Spieler: 2 bis 4
Materialien: 2 Würfel, Stift, Papier

Der erste Spieler würfelt mit beiden Würfeln gleichzeitig, zählt die Augenzahlen zusammen und notiert das Ergebnis. Danach ist der nächste Spieler dran. Gewonnen hat derjenige Spieler, der zuerst die Zahl 99 erreicht oder überschreitet. Das Spiel kann für die Multiplikation abgewandelt werden. Dann lautet das Endergebnis 600.

33. Mölkky

Anzahl der Spieler: 2 bis 6
Materialien: Rundholz, Säge, Schleifpapier, Holzsiegel (oder fertiges Mölkky-Set)

Mölkky ist ein finnisches Geschicklichkeitsspiel, das sich zum Rechnen im Freien eignet. Dabei wird ein circa 25 cm langes Rundholz aus 3 Meter Entfernung auf 12 Rundholz-Klötze geworfen, die von eins bis zwölf durchnummeriert sind. Die zwölf Klötze werden in einem bestimmten Muster, ähnlich wie die Kugeln beim Billard, angeordnet.

Trifft der Werfer mehrere Klötze, dann zählt die Anzahl der gefallenen Klötze; fällt nur einer um, zählt die Nummer auf dem Klotz. Die umgefallenen Klötze werden vom Werfer dort wieder aufgestellt, wohin sie gerollt sind, sodass das Spielfeld sich nach jeder Runde vergrößert. Wer zuerst die Summe 50 erreicht hat, hat gewonnen. Wer die Zahl übertrifft, fällt zurück auf 25 Punkte.

Das Spiel kann fertig gekauft oder selbst gebaut werden.

34. Dart

Anzahl der Spieler: 2 bis 4
Materialien: analoge Dartscheibe, Pfeile, Stift, Papier

Dart schult nicht nur die Feinmotorik und die Konzentration, sondern kann auch zur Rechenübung werden. Bei den Spielen 301 und 501 wird bis zur Zahl 0 heruntergezählt. Jeder Spieler wirft dafür drei Mal auf die Dartscheibe und subtrahiert die Summe. Eine Dartscheibe und Pfeile kann man übrigens auch aus Streichhölzern, Nadeln, Papier und Karton selbst bauen. Um die Verletzungsgefahr zu vermeiden, könnt ihr eine Dartscheibe mit Filzpfeilen oder eine magnetische Dartscheibe kaufen.

Bereich: Größen und Messen

Lernziele: Dein Kind kann Einheiten umwandeln (zum Beispiel von Milliliter in Liter) und mit Nachkommastelle notieren. Es kann Zeitspannen berechnen, einfache Bruchzahlen nutzen und alltagsnahe Sachaufgaben lösen.

Elternrolle: Das Schätzen von Größen im Alltag und Vergleichen zwischen Gegenständen und deren Entwicklung (Wie viel wachse ich pro Monat?) steht weiter im Vordergrund.

35. Zeit schätzen

Anzahl der Spieler: 3 bis 8
Materialien: eine Stoppuhr, (Würfel)

Zuerst wird im Kreis gewürfelt. Die Person mit der geringsten Augenzahl übernimmt als erstes die Stoppuhr und gibt das Start- und Endkommando. Die übrigen Spieler schätzen die abgelaufene Zeit, die zwischen einer Sekunde und drei Minuten variieren kann. Wer das bessere Zeitgefühl hat, bleibt im Spiel, die Person mit dem schlechtesten Zeitgefühl übernimmt die Rolle des Zeitstoppers.

Wenn nach Punkten gespielt wird, müssen die Punkte je nach Spieleranzahl angepasst werden. Bei acht Spielern erhält der beste Schätzer 8 und der Stopper 0 Punkte. Nach fünf bis acht Runden wird der Sieger festgelegt.

36. Kekse backen

Anzahl der Spieler: 2
Materialien: 250 g Mehl, ½ TL Backpulver, 2 Eigelb, 180 g Butter, 120 g Puderzucker, 1 Päckchen Vanillezucker, 2 EL Schlagsahne, Zitronenschale.

Backen ist ein wunderbares Spiel, bei dem dein Kind nicht nur das Abmessen von Zutaten lernt, sondern auch haptisch und geschmacklich auf seine Kosten kommt. Lass dein Kind entweder die Zutaten abmessen und vermengen, oder lass dir von ihm das Rezept vorlesen. Achte dabei darauf, dass es die Abkürzungen richtig ausspricht.

37. LEGO-Rechnen

Anzahl der Spieler: 1 bis 2
Materialien: Papier, Stift, Legosteine

Bei diesem Lernspiel trainiert dein Kind seine Vorstellung von Mengen. Schreibe auf ein A4-Blatt rechts sechs bis acht Multiplikationsaufgaben. Platziere neben dem Papier passende Legosteine, die dein Kind anstelle der Zahl hinter das Istgleich-Zeichen legt. Statt für die Aufgabe 3x4 eine 12 zu schreiben, legt dein Kind drei LEGO-Steine mit vier »Augen«.

Wenn du zwei Kinder hast, können sie die Aufgabe in Partnerarbeit lösen.

38. Bruchzahlen-Domino

Anzahl der Spieler: 1 bis 6
Materialien: 28 Eisstiele, Stift

Baut euch euer eigenes Bruchzahlen-Domino. Dafür schreibst du auf einen Eisstiel eine Bruchzahl und auf den anderen Eisstiel die passende Prozentzahl. So gehst du mit allen 28 Stielen vor. Ziel von Domino ist es, richtige Kombinationen zu legen. Das geht entweder allein oder in der Gruppe: Falls zwei oder mehr Spieler spielen, werden die Eisstiele untereinander aufgeteilt. Bleibt ein Eisstiel übrig, wird dieser auf den Tisch gelegt. Wer eine passende Bruch- oder Prozentzahl auf der Hand hat, legt diese schnellstmöglich an. Bei einer geraden Anzahl an Spielern, beginnt der Spieler, der als Erstes eine Kombination aus zwei Stielen auf den Tisch legen kann.

Bereich: Raum und Form

Lernziele: Dein Kind kann Lagepläne und Bauskizzen erstellen. Es kann Körper (Zylinder, Kegel ...) mit Begriffen wie «rechtwinklig«, «achsensymmetrisch« und «deckungsgleich« beschreiben und mit Maßstäben umgehen.

Elternrolle: Sucht Formen im Alltag (Die Konservendose ist zylindrisch ...). Lass dein Kind aus Papier Origami-Figuren falten. Nutzt Legosteine, Streichhölzer oder Tangram, um Figuren, Buchstaben und Muster zu legen.

39. Stäbchen-Pyramide

Anzahl der Spieler: 1 bis 2
Materialien: Holzleim, Eisstäbchen aus Holz

Zeichne einen geometrischen Körper, den dein Kind mithilfe von Eisstäbchen nachbauen soll: zum Beispiel eine Pyramide. Ihr könnt auch mit zweidimensionalen Formen, wie einem Stern, beginnen. Lass dein Kind ruhig frei mit Kleber und Eisstäbchen experimentieren. Dabei kann es sich von einem Partner helfen lassen. Die Eisstäbchen kannst du relativ günstig in 500-Packungen online bestellen.

Bereich: Daten und Zufall

Lernziele: Dein Kind kann Diagramme und Tabellen zu lebensnahen Daten (Zuschauerzahlen, Busfahrpläne ...) erstellen. Es kann weiterhin Wahrscheinlichkeiten schätzen, zum Beispiel Gewinnchancen bei Glücksspielen.

Elternrolle: Spielt zu Hause Glücksspiele wie »Mensch ärgere dich nicht«, »Schweinerei«, »Kniffel« oder »Stein, Schere, Papier«. Sprecht über die emotionale Dimension der Spiele und Gewinnchancen in bestimmten Spielsituationen (Wie wahrscheinlich ist es, dreimal hintereinander eine 6 zu würfeln?).

40. Mäxchen

Anzahl der Spieler: 3 bis 8
Materialien: 2 Würfel, Würfelbecher, Untersetzer, Stift, Papier

Bei diesem Spiel geht es darum, reihum eine Kombination aus Zahlen zu würfeln. Die höhere Augenzahl gilt als erste Ziffer: Wird eine 1 und eine 6 gewürfelt, dann lautet die Zahl 61. Die Zahl wird vom Spieler genannt, aber nicht gezeigt. Der nächste Spieler muss nun probieren, die Zahl zu überbieten oder den Vordermann der Lüge zu überführen, indem er auf den Würfelbecher klopft. Hat der Spieler wirklich geblufft, erhält er einen Strafpunkt, wurde er fälschlicherweise bezichtigt, erhält der Ankläger den Strafpunkt.

Das Überbieten von Zahlen kann nicht nur durch eine «normale« Kombination gelingen, sondern auch durch einen Pasch: Wirft ein Spieler zweimal eine 1, dann ist das Ergebnis beispielsweise höher als die zuvor geworfene 61. Der

Einserpasch kann nun entweder durch einen höheren Pasch geschlagen werden oder durch ein Mäxchen: Die Zahl 21 ist der höchste Wert des Spiels.

Spieler mit 10 Strafpunkten scheiden aus. Gewonnen hat, wer am Ende übrig bleibt.

Englisch (3. bis 4. Klasse)[29]

Bereich: Kommunikative Kompetenzen

Lernziele: Dein Kind kann in den Themengebieten Familie und Freunde, Schule, Freizeit und Feste und Einkaufen auf Englisch kommunizieren:

1. HÖR- UND HÖRSEHVERSTEHEN
Es versteht Minidialoge in Hörtexten und Videos, wenn langsam und deutlich gesprochen wird.

2. LESEVERSTEHEN
Es versteht kurze Lesetexte wie Einladungen oder Reime, wenn diese durch Bilder unterstützt werden.

3. SPRECHEN
Es kann in korrekter Aussprache kurze Texte vorlesen und Minidialoge zu einfachen Themen (Hobbys, Haustiere ...) führen.

4. SCHREIBEN
Es kann Einladungen und Steckbriefe schreiben, kurze Texte fehlerfrei abschreiben und Lückentexte ausfüllen

Elternrolle: Zu Hause sollte spielerisch der Wortschatz erweitert werden. Orientiere dich dabei an den Interessen deines Kindes: Mag es englischsprachige Musik, dann könnt ihr Songtexte mitsingen, auswendig lernen und übersetzen. Gefallen deinem Kind englischsprachige Serien oder Filme? Dann könnt ihr diese in Original-

29 Die meisten Bundesländer beginnen in Klassenstufe 3 mit dem Englischunterricht. Es gibt jedoch vier Ausnahmen: In Rheinland-Pfalz und Hamburg wird Englisch bereits ab der 1. Klasse unterrichtet. In Brandenburg werden Schülern der 1. Klasse bereits Fremdsprachgrundlagen vermittelt. Im Saarland wird erst in der 5. Klasse mit dem Englischunterricht begonnen, da hier ab der 3. Klasse die erste Fremdsprache Französisch ist.

sprache mit deutschem Untertitel sehen. Mithilfe von Klebezetteln könnt ihr Haushaltsgegenstände von *desk* bis *kitchen* auf Englisch beschriften. Oder wie wäre es, die Einkaufsliste oder den Wochenplan auf Englisch zu schreiben?

41. Guess what I'm drawing

Spieler: 2 bis 5
Material: Tafel, Stift

Na, schon erraten? Ja, richtig! Bei diesem Spiel handelt es sich um die englische Version von »Montagsmaler«: Spieler 1 malt zum aktuellen Wortschatz eine Zeichnung, die anderen erraten, welches englische Wort gesucht wird. Wer das Wort erraten hat, darf sich ein eigenes Wort aussuchen, das er zeichnerisch darstellen möchte.

42. Error!

Spieler: 2 bis 4
Material: Papier, Stift

Schreibe einen englischen Text beispielsweise aus dem Schulbuch ab und baue einige Fehler ein. Sag deinem Kind, wie viele Fehler es gibt, bevor es sich auf Fehlersuche begibt. Wenn du mehrere Kinder hast, dann kannst du auf diese Weise auch die Selbstkorrektur von Diktaten gestalten: Nachdem du ihnen einen Text diktiert hast, tauschen die Kinder ihre Texte untereinander und finden mögliche Fehler.

43. Living sentences

Spieler: 2 bis 12
Material: Papier, Zettel

Wenn du nur mit deinem Kind spielst, dann überlegst du dir zuerst Sätze und notierst danach jedes Wort auf einen einzelnen Zettel. Nachdem du die Zettel vermischt hast, lässt du dein Kind die richtige Reihenfolge legen. Bei größeren Gruppen kann in Teams gespielt werden: Jedes Team überlegt sich einen Satz. Die jeweiligen Teammitglieder laufen als lebendige Wörter durch den Raum und rufen laut ihr Wort aus, während die andere Gruppe den Satz ordnen muss.

44. I spy with my little eye

Spieler: 2 bis 5
Material: keins

Dieses unter englischen Kindern beliebte Spiel ist wohl am besten mit »Ich sehe was, was du nicht siehst« zu vergleichen: Ein Spieler überlegt sich einen Gegenstand aus dem Raum und nennt eine Eigenschaft, indem er beispielsweise sagt: »I spy with my little eye something big.« Der andere Spieler rät, um welchen Gegenstand es sich handelt: »Is it the fridge?«

45. Ten questions

Spieler: 2 bis 5
Material: keins

Bei diesem Spiel überlegt sich Spieler 1 einen Begriff, den die anderen Spieler durch Fragen erraten müssen. Die Spieler sollten sich zuvor auf einen Themenbereich oder Wörter aus der aktuellen Lektion einigen. Wenn die Mitspieler nach zehn Fragen den Begriff nicht erraten konnten, bekommt Spieler 1 einen Punkt und der Nächste versucht sein Glück.

46. Frage-Antwort-Werfen

Spieler: 4 bis 12
Material: Ball

Stellt euch in einen Kreis. Spieler 1 stellt eine Frage und wirft den Ball zu einer beliebigen Person. Der Fänger antwortet und stellt eine neue Frage an einen beliebigen Spieler. Gefragt werden kann nach Namen, Alter, Lieblingsfarbe, -tier oder -essen.

Als Alternative zu den Fragen und Antworten können auch Gegensätze »erworfen« werden: Hierfür sagt Spieler 1 ein Adjektiv und Spieler 2 nennt das Gegenteil. Im Vorfeld bietet es sich an, Wortschatz zu sammeln.

47. Wortschatz-Bingo

Spieler: 3 bis 12
Material: Papier, Stift

Benutzt diese Bingo-Variante zum Wiederholen von Vokabeln: Ein Spieler wird zum Spielleiter auserkoren. Die anderen Spieler zeichnen auf einem Zettel ein Spielfeld mit neun Feldern und schreiben in jedes Feld eine Vokabel aus der aktuellen Lektion. Die Felder bleiben füreinander verdeckt. Der Spielleiter nennt jetzt in beliebiger Reihenfolge Vokabeln aus der Lektion. Hat einer seiner Mitspieler das Gegenteil auf seinem Bingofeld, wird das Feld durchgestrichen. Wer als Erstes drei Vokabeln in einer Reihe (diagonal, senkrecht, waagerecht) durchgestrichen hat, hat gewonnen.

48. Zahlen-Domino

Anzahl der Spieler: 1 bis 6
Materialien: 28 Eisstiele, Stift

Baut euch euer eigenes Zahlen-Domino. Dafür schreibst du auf einen Eisstiel ein englisches Zahlwort, zum Beispiel »seven«, und auf den anderen Eisstiel die passende Anzahl an Punkten. So gehst du mit allen 28 Stielen vor. Ziel von Domino ist es, richtige Kombinationen zu legen. Das geht entweder allein oder in der Gruppe: Falls zwei oder mehr Spieler spielen, werden die Eisstiele untereinander aufgeteilt. Bleibt ein Eisstiel übrig, wird dieser auf den Tisch gelegt. Wer einen passenden Stiel auf der Hand hat, legt diesen schnellstmöglich an. Bei einer geraden Anzahl an Spielern beginnt der Spieler, der als Erstes eine Kombination aus zwei Stielen auf den Tisch legen kann.

Bereich: Interkulturelle Kompetenzen

Lernziele: Dein Kind kennt Gemeinsamkeiten und Unterschiede zwischen dem Schulleben in Deutschland und in englischsprachigen Ländern. Es weiß, wo Großbritannien und die USA auf der Weltkarte liegen und kennt Feste, Bräuche, Personen und Lieder aus dem englischsprachigen Raum.

Elternrolle: Wenn du englischsprachige Freunde hast oder ein Urlaub in einem englischsprachigen Land für dich vorstellbar ist, dann ist jetzt der ideale Zeitpunkt. Durch solch eine Erfahrung wird die Fremdsprache für dein Kind lebendig.

49. Get up

Spieler: 2 bis 8
Material: Lesetexte auf Englisch

Wähle einen Lesetext aus dem Schulbuch deines Kindes und lies ihm den Text auf Englisch vor. Einigt euch vor dem Lesen auf ein Wort, bei dem dein Kind aufstehen soll: Bei einem Text über das Halloween-Fest bietet sich das Wort »Halloween« an. Wenn ihr wollt, könnt ihr noch mehr Wörter hinzunehmen: Bei dem Wort »pumpkin« soll es in die Hände klatschen und bei dem Wort »scary« auf dem Boden stampfen.

50. A chubby little snowman

Spieler: 2 bis 4
Material: Liedtext und Anweisungen

Bei dem »chubby little snowman« handelt es sich um ein englisches Kinderlied, bei dem jede Liedzeile pantomimisch dargestellt wird. Für den »chubby little snowman« wird beispielsweise mit den Armen ein dicker Bauch gezeigt.

Das Lernen von traditionellen Kinderliedern aus dem englischsprachigen Raum bringt deinem Kind die Kultur näher, nebenbei lernt es Vokabeln und hat jede Menge Spaß.

51. What's the time, Mr. Wolf?

Spieler: 2 bis 12
Material: Außenbereich zum Rennen

Dieses Bewegungsspiel eignet sich zum Üben der Uhrzeiten. Ein Kind ist der Wolf und steht mit dem Rücken zu den anderen Kindern. Die Kinder stehen in einer Reihe, ungefähr fünf Meter vom Wolf entfernt. Start- und Ziellinie werden auf dem Boden markiert. Alle Kinder fragen: »What's the time, Mr. Wolf?« Der Wolf dreht sich kurz um und nennt die Uhrzeit, zum Beispiel: »It's 2 o'clock!«. Die Kinder gehen nun der Uhrzeit entsprechend ein oder mehrere Schritte in Richtung des Wolfes: In unserem Beispiel wären es also zwei Schritte. Für die nächste Runde steht der Wolf wieder mit dem Rücken zu seinen Mitspielern. Wenn er das Gefühl hat, dass die Kinder nahe genug gerückt sind, antwortet er statt einer Uhrzeit: »It's dinner time!« und versucht eines der Kinder zu fangen, während alle Kinder in Richtung der Ziellinie laufen. Wird ein Kind vom

Wolf gefangen, spielt es in der nächsten Runde den Wolf. Ansonsten beginnt der Wolf noch einmal sein Glück.

52. Simon says

Spieler: 4 bis 12
Material: keins

»Simon says« ist ein traditionelles Kinderspiel aus den USA. Vor dem Spielbeginn einigen sich die Spieler auf mögliche Aktivitäten, die sie ausführen können: whistle, jump at your left leg, raise your right arm, smile etc. Mögliche Anweisungen können auf einem Whiteboard festgehalten werden, damit die Spieler während des Spiels darauf zurückgreifen können. Es wird ein Spielleiter gekürt, der nun von Spieler zu Spieler läuft und unterschiedliche Anweisungen ausspricht: »Simon says whistle.« Die Kinder führen die Anweisung nur aus, wenn ihnen »Simon says« vorangestellt ist, was erhöhte Konzentration erfordert. Wenn ein Spieler eine Ausführung fälschlicherweise ausführt, scheidet er aus.

53. How far away...

Spieler: 2 bis 5
Material: ein internetfähiges Gerät

Mit diesem einfachen Spiel schlagt ihr drei Fliegen mit einer Klappe: Zum einen lernt dein Kind die geografische Lage US-amerikanischer Städte besser kennen, zum anderen lernt es Entfernungen einzuschätzen und zum letzten übt es das Umrechnen von Kilometer in Meilen (1 Meile = 1,6 Kilometer).

Rufe auf deinem internetfähigen Gerät eine Karte der USA auf. Nenne zwei Städte und frage, wie weit die Städte voneinander entfernt ist: »How far away is New York from Atlanta?« Alle Spieler inklusive dir geben eine Schätzung ab. Wer ist am nächsten dran? Das Spiel kann natürlich auch für Großbritannien gespielt werden.

54. Guess, who I am!

Spieler: 2 bis 12
Material: Stift, Papier

Zuerst sammelt ihr mindestens zehn typische englische Vornamen, die ihr auf ein Papier schreibt. Nun wählst du einen Namen und buchstabierst ihn. Erkennt dein Kind den richtigen Namen? Wenn es möchte, kann es als Nächstes selbst einen Namen buchstabieren. Als Variation bieten sich auch Städtenamen, Feste, Sänger, Bands oder Schauspieler aus dem Land an.

Bereich: Methodische Kompetenzen

Lernziele: Dein Kind kann bestimmte Informationen durch konzentriertes Zuhören heraushören und Schlüsselwörter in Lesetexten markieren. Es kann Wortschatz in Mindmaps strukturieren, mit Bildwörterbüchern umgehen und erschließt neue Wörter mithilfe von Gestik, Mimik, Bildern und Kontext. Weiterhin kann dein Kind konzentriert abschreiben und Wörter nachsprechen.

Elternrolle: Wieder bieten sich kurze Videos oder Filmausschnitte von circa fünf Minuten als Material an, mit denen das konzentrierte Zuhören und Nachsprechen geübt werden kann. Stell deinem Kind vorab Fragen, auf die es sich konzentrieren soll (Wie heißt der Junge? Warum ist er traurig?). Schaut Ausschnitte mehrmals, sprecht Sätze nach, lernt kurze Passagen auswendig, stellt sie szenisch dar.

55. Telephone

Spieler: 3 bis 20
Material: keins

Auf Deutsch heißt das Spiel «Stille Post«, es schult auf Englisch das Hörverstehen und die Aussprache. Dazu stellen sich die Kinder in einer Reihe auf. Das erste Kind flüstert ein Wort oder einen Satz ins Ohr des nächsten Kindes und so weiter. Was kommt beim letzten Kind an? In der nächsten Runde wandert der erste Spieler nach hinten, bis jedes Kind einmal ein Wort gesagt hat.

Du kannst vor dem Spiel mehrere Vokabeln oder Sätze auf Zettel schreiben, die der erste Spieler vorlesen muss. So förderst du zusätzlich das Leseverstehen.

56. Fly swat

Spieler: 2 bis 5
Material: Papier, Stift, Fliegenklappe, englischer Lese- oder Hörtext

Für dieses Spiel schreibst oder druckst du häufige englische Begriffe, sogenannte sight words auf Karton. Eine Begriffskarte sollte A6-Format haben. Die Wörter werden mit der beschriebenen Seite nach oben auf dem Tisch verteilt. Entweder du spielst einen Hörtext ab oder liest einen Text vor, während die Spieler die gehörten Wörter auf dem Tisch mit der Fliegenklappe möglichst schnell abschlagen müssen. Füge mit der Zeit neue Wörter hinzu. Im Internet findest du Listen mit 100 bis 200 wichtigen sight words. Je mehr Wörter auf dem Tisch liegen, desto schwieriger gestaltet sich das Spiel.

57. Memory

Spieler: 2 bis 8
Material: Karton, Stifte

Um euer eigenes Memory-Spiel zu basteln, schneidet ihr zuerst aus dem Karton 6x6 cm große Karten aus: Empfehlenswert sind 48 bis 64 Karten. Alternativ könnt ihr auch vorgeschnittene Blankokarten kaufen.

Nun gestaltet ihr eure Paare, indem ihr auf einer Karte ein Nomen schreibt und auf der anderen Karte ein entsprechendes Bild malt. Dreht sich bei eurem Memory-Spiel alles um Kleidung, dann malt ihr zu dem Nomen »shoes« zwei Schuhe.

Zum Spielbeginn werden mit der Bildseite nach unten ausgelegt und abwechselnd zwei Karten aufgedeckt. Ziel ist es, sich an Lage und Inhalt möglichst vieler Karten zu erinnern (Memory!) und passende Paare zu sammeln.

58. What's missing?

Spieler: 2 bis 8
Material: Memorykarten oder andere Bildkarten

Wenn du bereits Memorykarten angefertigt hast, kannst du sie auch für dieses Spiel nutzen. Dafür legt ihr alle Karten mit der Bildseite nach oben hin und klärt noch einmal die Bedeutung. Du sagst: »Close your eyes« und alle Spieler schließen ihre Augen. Nun drehst du eine Karte um und sagst: »Open your eyes!« und: »What's missing?« Die Kinder sollten jetzt die entsprechende Vokabel zum umgedrehten Bild nennen. Wenn die Regeln klar sind, kann ein anderer Spieler die Leitung übernehmen.

59. Pantomime

Spieler: 2 bis 6
Material: Stift, Zettel

Das Spiel trainiert das Erschließen von neuen Vokabeln über Mimik und Gestik. Wählt zuerst eine Kategorie aus: profession, emotion, animal oder activity? Sammelt mindestens zehn Englischvokabeln aus dieser Kategorie und schreibt sie auf einzelne Zettel.

Ein Spieler stellt sich für alle gut sichtbar auf und zieht den ersten Begriff, den er pantomimisch darstellen muss.

Wer den Begriff am schnellsten errät, erhält einen Punkt und stellt den nächsten Begriff dar.

60. Repeat, if it's true

Spieler: 2 bis 12
Material: Whiteboard, Stifte

Schreib an ein Whiteboard mehrere Wörter aus der aktuellen Lektion. Sag: »Repeat, if it's true«, tippe auf das Wort und lies es richtig vor. Warte auf die Wiederholung der Spieler. Lies nach einigen richtig vorgelesen Wörter ein Wort falsch vor. Tipps zum Beispiel auf das Wort »apple« und lies »horse«. Die Spieler sollten nun alle still sein. Wenn jemand das Wort »horse« aus Versehen wiederholt, ist er als Nächstes mit dem Vorlesen dran oder scheidet aus.

Anhang

Liste mit allen Lerntipps

Lerntipp Nr. 1.	Macht euer Zuhause nicht zur erweiterten Schule	11
Lerntipp Nr. 2.	Begebt euch auf Augenhöhe	11
Lerntipp Nr. 3.	Sei kein Besserwisser	12
Lerntipp Nr. 4.	Macht euch nichts vor	13
Lerntipp Nr. 5.	Schaffe feste Abläufe	13
Lerntipp Nr. 6.	Formuliert Anliegen statt Ziele	14
Lerntipp Nr. 7.	Klopft euch auf die Schultern	14
Lerntipp Nr. 8.	Nehmt euch nicht zu viel vor	15
Lerntipp Nr. 9.	Gebt aufeinander Acht	16
Lerntipp Nr. 10.	Holt andere mit ins Boot	16
Lerntipp Nr. 11.	Macht aus lästigen Aufgaben ein Spiel	17
Lerntipp Nr. 12.	Führt Alltags-Experimente durch	18
Lerntipp Nr. 13.	Erfindet gemeinsam neue Spielregeln	19
Lerntipp Nr. 14.	Spielt altersgerecht	19

Lerntipp Nr. 15.	Wählt Spiele, bei denen du auch etwas lernst	20
Lerntipp Nr. 16.	Lernt mit allen Sinnen	22
Lerntipp Nr. 17.	Lass dein Kind frühzeitig die Welt erkunden	23
Lerntipp Nr. 18.	Aktiviert eure Synapsen	23
Lerntipp Nr. 19.	Berührt euch	25
Lerntipp Nr. 20.	Geht gemeinsam Schwimmen	26
Lerntipp Nr. 21.	Tanzt!	26
Lerntipp Nr. 22.	Bastelt!	27
Lerntipp Nr. 23.	Genießt die Natur	28
Lerntipp Nr. 24.	Vorlesen und nacherzählen	29
Lerntipp Nr. 25.	Sprich mit den Händen	30
Lerntipp Nr. 26.	Sprich bildhaft	31
Lerntipp Nr. 27.	Stelle Gegenfragen	31
Lerntipp Nr. 28.	Nachhaken statt zurechtweisen	32
Lerntipp Nr. 29.	Malt!	33
Lerntipp Nr. 30.	Musiziert!	34
Lerntipp Nr. 31.	Stell Regeln auf	34
Lerntipp Nr. 32.	Sag genau, was du von deinem Kind möchtest	35
Lerntipp Nr. 33.	Benutzt beide Hände	35
Lerntipp Nr. 34.	Ins Spiel vertiefen	38
Lerntipp Nr. 35.	Findet Worte für eure Gefühle	38
Lerntipp Nr. 36.	Lass dein Kind mit Tieren spielen	39

Lerntipp Nr. 37.	Lass Enttäuschungen zu	39
Lerntipp Nr. 38.	Prüft den Arbeitsplatz	48
Lerntipp Nr. 39.	Nutzt Farben und Markierungen	48
Lerntipp Nr. 40.	Stell einen Wecker auf den Tisch	49
Lerntipp Nr. 41.	Lobe seinen Einfallsreichtum	49
Lerntipp Nr. 42.	Finde ein Hobby mit starken Regeln	49
Lerntipp Nr. 43.	Hilf deinem Kind, eine Lerngruppe zu gründen	50
Lerntipp Nr. 44.	Findet heraus, was dein Kind selbst will	50
Lerntipp Nr. 45.	Legt Lernpausen ein	51
Lerntipp Nr. 46.	Lobe seine Selbstständigkeit	51
Lerntipp Nr. 47.	Gib deinem Kind mehr Aufgaben	52
Lerntipp Nr. 48.	Spinnt euch aus	53
Lerntipp Nr. 49.	Übt Empathie	53
Lerntipp Nr. 50.	Übt Spontanität	54
Lerntipp Nr. 51.	Ermutige zu Fehlern	55
Lerntipp Nr. 52.	Lange Texte in Abschnitte teilen	55
Lerntipp Nr. 53.	Arbeitet schrittweise	58
Lerntipp Nr. 54.	Vermeidet Aufschieberitis	58
Lerntipp Nr. 55.	Nimm deinem Kind nicht zu viele Aufgaben ab	59
Lerntipp Nr. 56.	Erinnere dich an deine eigenen Lernerfahrungen	60
Lerntipp Nr. 57.	Macht Tauschgeschäfte	61

Lerntipp Nr. 58.	Streiche keine Hobbys, die Spaß bringen	61
Lerntipp Nr. 59.	Freizeitstress vermeiden	62
Lerntipp Nr. 60.	Vergleiche nicht zwischen Gleichaltrigen	62
Lerntipp Nr. 61.	Dein Kind ist keine Kopie deiner selbst	63
Lerntipp Nr. 62.	Bei Kritik niemals persönlich werden	63
Lerntipp Nr. 63.	Hochloben hilft nicht	65
Lerntipp Nr. 64.	Lobe lieber weniger als mehr	66
Lerntipp Nr. 65.	Lobe authentisch	66
Lerntipp Nr. 66.	Lass dein Kind Experte sein	67
Lerntipp Nr. 67.	Kleine Belohnungen zur rechten Zeit geben	67
Lerntipp Nr. 68.	Hebe Charakterstärken hervor	68
Lerntipp Nr. 69.	Nutze die Sandwichmethode	68
Lerntipp Nr. 70.	Nicht zu viel kontrollieren	69
Lerntipp Nr. 71.	Möchten statt müssen	70
Lerntipp Nr. 72.	Engagement fördern	70
Lerntipp Nr. 73.	Ausreichend schlafen	72
Lerntipp Nr. 74.	Schon vor der ersten Stunde bewegen	73
Lerntipp Nr. 75.	Ruhige Lernumgebung schaffen	73
Lerntipp Nr. 76.	Mediennutzung einschränken	74
Lerntipp Nr. 77.	Handschrift üben	75

Lerntipp Nr. 78.	Mit Augentraining beginnen	75
Lerntipp Nr. 79.	Lernt nach der Pomodoro-Technik	76
Lerntipp Nr. 80.	Pausen für Bewegung nutzen	77
Lerntipp Nr. 81.	Pausen zum Kritzeln nutzen	77
Lerntipp Nr. 82.	Kurze Konzentrationsübungen machen	78
Lerntipp Nr. 83.	An die frische Luft gehen	78
Lerntipp Nr. 84.	Genug Zeit für ein Frühstück einplanen	79
Lerntipp Nr. 85.	Gesunde Snacks für zwischendurch	80
Lerntipp Nr. 86.	Kohlenhydrate für die große Pause	80
Lerntipp Nr. 87.	Ausreichend trinken	80
Lerntipp Nr. 88.	Mäkeleien überwinden	81
Lerntipp Nr. 89.	Kaufe rückenfreundliche Möbel	84
Lerntipp Nr. 90.	Möbel gemeinsam aussuchen	84
Lerntipp Nr. 91.	Wähle die richtige Schultasche	85
Lerntipp Nr. 92.	Schultasche richtig packen	86
Lerntipp Nr. 93.	Es werde Licht	86
Lerntipp Nr. 94.	Ruhe-Ecke schaffen	87
Lerntipp Nr. 95.	Ordnung schaffen	87
Lerntipp Nr. 96.	Kauf ein Whiteboard	88
Lerntipp Nr. 97.	Lass Abwechslung zu	88
Lerntipp Nr. 98.	Stellt eine Lernkiste zusammen	89
Lerntipp Nr. 99.	Wochenplan anbringen	89

Lerntipp Nr. 100. Mit Farben und Beschriftung arbeiten 90
Lerntipp Nr. 101. Erledigt Hausaufgaben zu festen Zeiten 95
Lerntipp Nr. 102. Platz frei für Hausaufgaben 96
Lerntipp Nr. 103. Hausaufgaben richtig aufteilen 96
Lerntipp Nr. 104. Ruhezeit einplanen 96
Lerntipp Nr. 105. Snacks und Getränke bereitstellen 97
Lerntipp Nr. 106. Benutze keinen Rotstift 97
Lerntipp Nr. 107. Hausaufgaben nicht nachtelefonieren 98
Lerntipp Nr. 108. Positive Einstellung zum Lernen zeigen 99
Lerntipp Nr. 109. Für Fragen verfügbar sein 99
Lerntipp Nr. 110. Kontakt zu Lehrern und Eltern aufnehmen 100
Lerntipp Nr. 111. Angst nehmen, statt Druck aufzubauen 100
Lerntipp Nr. 112. Zu einer Schule ohne Hausaufgaben wechseln 101
Lerntipp Nr. 113. Noten nicht zu ernst nehmen 105
Lerntipp Nr. 114. Bei unangekündigten Arbeiten oder Tests nicht vom Stuhl fallen 105
Lerntipp Nr. 115. Auf vollständige Heftführung achten 106
Lerntipp Nr. 116. Gesamte Vorbereitungszeit nutzen 106
Lerntipp Nr. 117. Lass dein Kind auch mal scheitern 107

Lerntipp Nr. 118.	Entschlüsselt den geheimen Lehrercode	108
Lerntipp Nr. 119.	Wechselatmung anwenden	109
Lerntipp Nr. 120.	Aufgaben strukturieren	109
Lerntipp Nr. 121.	Nicht von Mitschülern verunsichern lassen	110
Lerntipp Nr. 122.	Fehler verstehen	111
Lerntipp Nr. 123.	Fehler als Lernchancen begreifen	112
Lerntipp Nr. 124.	Suche eine Grundschule ohne Noten	112
Lerntipp Nr. 125.	Zeig Verständnis	117
Lerntipp Nr. 126.	Erwartungen herunterschrauben	118
Lerntipp Nr. 127.	Lass Langeweile zu	118
Lerntipp Nr. 128.	Ausgleich schaffen	119
Lerntipp Nr. 129.	Prüfe deine eigenen Stressstrategien	120
Lerntipp Nr. 130.	Denke Stress als etwas Positives	120
Lerntipp Nr. 131.	Etabliere regelmäßige Familienevents	121
Lerntipp Nr. 132.	Beziehe dein Kind in die Freizeitplanung mit ein	121
Lerntipp Nr. 133.	Probiert progressive Muskelentspannung aus	122
Lerntipp Nr. 134.	Wie wäre es mit autogenem Training?	123
Lerntipp Nr. 135.	Oder Kinderyoga?	123

Lerntipp Nr. 136. Erkundige dich nach Stresscoachings 124

Lerntipp Nr. 137. Hole dir professionellen Rat 132

Lerntipp Nr. 138. Nicht verzweifeln 133

Lerntipp Nr. 139. Sei geduldig 133

Lerntipp Nr. 140. Nicht mit Samthandschuhen anfassen 134

Lerntipp Nr. 141. Vorbilder finden 134

Lerntipp Nr. 142. Wörter in Silben aufteilen 135

Lerntipp Nr. 143. Lass dir von deinem Kind Leseinhalte wiedergeben 135

Lerntipp Nr. 144. Nachteilsausgleich beantragen 136

Lerntipp Nr. 145. Souffliere deinem Kind die Wörter 136

Lerntipp Nr. 146. Chorlesen 137

Lerntipp Nr. 147. Hörtexte mitlesen 137

Lerntipp Nr. 148. Benutzt einen Lesepfeil 137

Lerntipp Nr. 149. Lernt Laute auswendig 138

Lerntipp Nr. 150. Macht aus dem Schreiben ein Ratespiel 138

Lerntipp Nr. 151. Reimt! 139

Lerntipp Nr. 152. Im Alltag zählen 139

Lerntipp Nr. 153. Mengen schätzen 140

Lerntipp Nr. 154. Andere Rechenwege zulassen 140

Lerntipp Nr. 155. Förderung beantragen 141

Lerntipp Nr. 156. Legt tägliche Wohlfühlzeiten festen 141

Lerntipp Nr. 157. Handlungen statt Worte 142

Lerntipp Nr. 158. Belohnungspunkte sammeln 142
Lerntipp Nr. 159. Bewegungsdrang richtig stillen 143
Lerntipp Nr. 160. Legt Karteikarten an 146
Lerntipp Nr. 161. Memory basteln 146
Lerntipp Nr. 162. Mit bewegten Bildern lernen 147
Lerntipp Nr. 163. Lernt mit Eselsbrücken und Reimen 147
Lerntipp Nr. 164. Analogien finden 147
Lerntipp Nr. 165. Probiert die Loci-Methode 148
Lerntipp Nr. 166. Lass dir Lernstoff erklären 149
Lerntipp Nr. 167. Hängt Lernplakate auf 149
Lerntipp Nr. 168. Erstellt einen Lernplan 150
Lerntipp Nr. 169. Schreibt Definitionen 150
Lerntipp Nr. 170. Findet mehr Beispiele 151
Lerntipp Nr. 171. Entwerft euren eigenen Test 151
Lerntipp Nr. 172. Mehr Lehrbücher in der Bibliothek ausleihen 152
Lerntipp Nr. 173. Podcasts hören 152
Lerntipp Nr. 174. Schaut Lernvideos 153
Lerntipp Nr. 175. Nutzt Lern-Apps 153
Lerntipp Nr. 176. Gib Recherche-Aufgaben 153
Lerntipp Nr. 177. Lernstoff im Alltag einbinden 154
Lerntipp Nr. 178. Formuliert Ziele 154
Lerntipp Nr. 179. Formuliert Fragen 155
Lerntipp Nr. 180. Dokumentiert Fortschritte 155

Liste mit allen Lernspielen

Lernspiel Nr. 1.	Was bin ich?	158
Lernspiel Nr. 2.	Falsch antworten	159
Lernspiel Nr. 3.	Wortketten	159
Lernspiel Nr. 4.	Ich packe meinen Koffer	160
Lernspiel Nr. 5.	Schnipp-Schnapp	160
Lernspiel Nr. 6.	Wort-Geschichten	161
Lernspiel Nr. 7.	Buchstabenspiel	162
Lernspiel Nr. 8.	Auf dem Rücken schreiben	163
Lernspiel Nr. 9.	Nomen zerlegen	163
Lernspiel Nr. 10.	Anlaut-Bingo	164
Lernspiel Nr. 11.	Punkt für Punkt	165
Lernspiel Nr. 12.	Auf dem Rücken rechnen	166
Lernspiel Nr. 13.	Zahlen hören	167
Lernspiel Nr. 14.	Kettenrechnen	167
Lernspiel Nr. 15.	Rechen-Bingo	168
Lernspiel Nr. 16.	Münzen stapeln	169

Lernspiel Nr. 17.	Wer hat an der Uhr gedreht?	169
Lernspiel Nr. 18.	Countdown	170
Lernspiel Nr. 19.	Roboterspiel	171
Lernspiel Nr. 20.	Nachzeichnen	171
Lernspiel Nr. 21.	Kniffel	173
Lernspiel Nr. 22.	Wörter umschreiben	174
Lernspiel Nr. 23.	Die Zeit läuft	175
Lernspiel Nr. 24.	Bild beschreiben	176
Lernspiel Nr. 25.	Laufdiktat	176
Lernspiel Nr. 26.	Faltpapier-Geschichte	177
Lernspiel Nr. 27.	Gegensatz-Bingo	178
Lernspiel Nr. 28.	Sag nicht A!	179
Lernspiel Nr. 29.	Buchstabieren rückwärts	179
Lernspiel Nr. 30.	Galgenmännchen	180
Lernspiel Nr. 31.	Rechen-Schnipp Schnapp	181
Lernspiel Nr. 32.	99 gewinnt	182
Lernspiel Nr. 33.	Mölkky	182
Lernspiel Nr. 34.	Dart	183
Lernspiel Nr. 35.	Zeit schätzen	184
Lernspiel Nr. 36.	Kekse backen	184
Lernspiel Nr. 37.	LEGO-Rechnen	185
Lernspiel Nr. 38.	Bruchzahlen-Domino	185
Lernspiel Nr. 39.	Stäbchen-Pyramide	186
Lernspiel Nr. 40.	Mäxchen	187

Lernspiel Nr. 41.	Guess what I'm drawing	190
Lernspiel Nr. 42.	Error!	190
Lernspiel Nr. 43.	Living sentences	191
Lernspiel Nr. 44.	I spy with my little eye	191
Lernspiel Nr. 45.	Ten questions	192
Lernspiel Nr. 46.	Frage-Antwort-Werfen	192
Lernspiel Nr. 47.	Wortschatz-Bingo	193
Lernspiel Nr. 48.	Zahlen-Domino	193
Lernspiel Nr. 49.	Get up	194
Lernspiel Nr. 50.	A chubby little snowman	195
Lernspiel Nr. 51.	What's the time, Mr. Wolf?	195
Lernspiel Nr. 52.	Simon says	196
Lernspiel Nr. 53.	How far away...	196
Lernspiel Nr. 54.	Guess, who I am!	197
Lernspiel Nr. 55.	Telephone	198
Lernspiel Nr. 56.	Fly swat	199
Lernspiel Nr. 57.	Memory	199
Lernspiel Nr. 58.	What's missing?	200
Lernspiel Nr. 59.	Pantomime	200
Lernspiel Nr. 60.	Repeat, if it's true	201

Literaturangaben

äin-red (2017): Ergebnisse der BLIKK-Studie 2017 vorgestellt: *Übermäßiger Medienkonsum gefährdet Gesundheit von Kindern und Jugendlichen.* In: www.kinderaerzte-im-netz.de.

Blank, Reiner et all. (2020): *Umschriebenen Entwicklungsstörungen motorischer Funktionen* (UEMF). Leitlinie für Eltern, Partner und Angehörige von Betroffenen sowie Erzieher, Lehrer und andere Mitarbeiter nichtmedizinischer Berufe*. Maulbronn: 2020.

Cirillo, Francesco (2013): *The Pomodoro Technique.* 3. Auflage. Berlin: FC Garage 2013.

Dukes, Richard et al. (2013): *Seeing red: Quality of an essay, color of the grading pen, and student reactions to the grading process.* The Social Science Journal, Vol 50, 2013, S. 96-100.

Dweck, C. S. (2006): *Mindset: The New Psychology of Success.* New York: Random House 2006.

Galuschka, Katharina et all. (2016): *Diagnostik und Förderung von Kindern und Jugendlichen mit Lese- und/oder Rechtschreibstörung*. Deutsches Ärzteblatt Int 2016; 113: 279-86.

Gentler, Stefanie (2016): *Kinder und Hobbys – ab wann und wie viel?*, In: www.familie.de/kleinkind/kinder-hobbys, 15.11.2016.

Gold, Andreas (2014): *Lernschwierigkeiten. Ursachen, Diagnostik und Intervention*. Zweite Fachtagung Inklusion. Universität Göttingen, 13.06.2014.

Himmelrath, Arnim (2015). *Hausaufgaben – Nein danke! Warum wir uns so bald wie möglich von den Hausaufgaben verabschieden sollten*! Bern: hep Verlag 2015.

Holzberger, Doris (2021): *Wie Eltern den Schulerfolg ihrer Kinder beeinflussen*. In: www.tum.de, 14.06.2021.

Hüther, Gerald (2021): *Lieblosigkeit macht krank*. Freiburg am Breisgau: Herder 2021.

Lemos; Veríssimo et al. (2014): *The Relationships between Intrinsic Motivation, Extrinsic Motivation, and Achievement, Along Elementary School.*

Mankarios, Alexandra (2021): *Dyskalkulie: Was Lehrkräfte und Eltern tun können*. In: deutsches-schulportal.de, 07.05.2021.

Michaelis, R.; Niemann, G. (2010): *Entwicklungsneurologie und Neuropädiatrie.* 4. vollständ. überarb. und erweit. Aufl., Stuttgart: Thieme 2010.

Rösch, Harald (2015): *Lernen mit allen Sinnen.* magazin-auswege.de, 22.2.2015.

Schlack, R. et al. (2007): *Bundesgesundheitsblatt,* 50: 827-835.

Schnur, Denis (2017): *Die ‚Eulen' haben durchgehend schlechtere Noten.* In: rnz.de, 09.09.2017.

Schrader, J. (2008): *Lerntypen bei Erwachsenen. Empirische Analysen zum Lernen und Lehren in der beruflichen Weiterbildung* (2. Aufl.). Bad Heilbrunn: Klinkhardt.

Schröder, Joachim (2015): *Pädagogik bei Beeinträchtigungen des Lernens.* Stuttgart: Kohlhammer Verlag 2015.

Sobko, Tanja et al. (2018): *Measuring connectedness to nature in preschool children in an urban setting and its relation to psychological functioning.* In: https://journals.plos.org/plosone/article?id=10.1371/journal.pone.0207057, 29.11.2016.

Stangl, W. (2021): *Stichwort: ‚Konzentrationsspanne – Online Lexikon für Psychologie und Pädagogik'.* Online Lexikon für Psychologie und Pädagogik. In: www.lexikon.stangl.eu/6553/konzentrationsspanne, 21.12.2021.

Teijón, Marisa et al. (2019): *Fetal facial expression in response to intravaginal music emission.* Institut Marquez.

Trauner, Sandra (2019): *Wenn Schüler zu wenig schlafen.* In: aerztezeitung.de, 15.01.2019.

Ziegler, Martina (2014): *Lernen fördern. Aktivität und Teilhabe. Informationsbroschüre für Menschen mit Lernbehinderungen und ihren Angehörigen.* Stuttgart: Kohlhammer Drucker 2014.

Impressum

Deutschsprachige Erstausgabe 2021

vertreten durch:
Mario Milanovic
Gustavstrasse 41
50937 Köln

Printed in France by Amazon
Brétigny-sur-Orge, FR

12271053R00128